Ich möcht ein Clown sein

Impressum

Hanns Dieter Hüsch
Ich möcht ein Clown sein

3. Auflage 2012
© tvd-Verlag Düsseldorf, 2002
Postfach 32 11 11, 40426 Düsseldorf

Gesamtherstellung: projekt m/c GmbH, Münster

Bestellnr. tvd 20250.1
ISBN 3-926512-48-2

Hanns Dieter Hüsch

Ich möcht
ein Clown
sein

Sein literarisches Kabarett
42 seiner schönsten frühen Lieder,
Gedichte und Geschichten
Lyrik und Prosa zwischen den Stühlen

Herausgegeben von Jürgen Wichmann

INHALT

Widmung

Hallo, Freunde!
Wo seid Ihr?
Freunde von HDH,
von Hanns Dieter,
vom Hüsch!

Ältere Freunde,
Waret Ihr nicht dabei,
als Tucholsky seine blaue Wolke
über der Mainzer Uni-Aula parkte
und sein linkes Ohr herunterschickte,
um an jenem Abend selber zuzuhören?
Jüngere Freunde,
Seid Ihr in Ämtern und Würden erstickt,
in Vorurteilen ertrunken,
mit Orden und Ehren bewaffnet,
unter Schaff und Raff begraben?
Junge Freunde,
Kennt Ihr den Hüsch immer noch nicht?
Ihr verpasst etwas, also beeilt Euch!

Hallo, Freunde, wo seid Ihr?
Kommt alle her und lest
wie allzeit gut der Hüsch!

J. W.

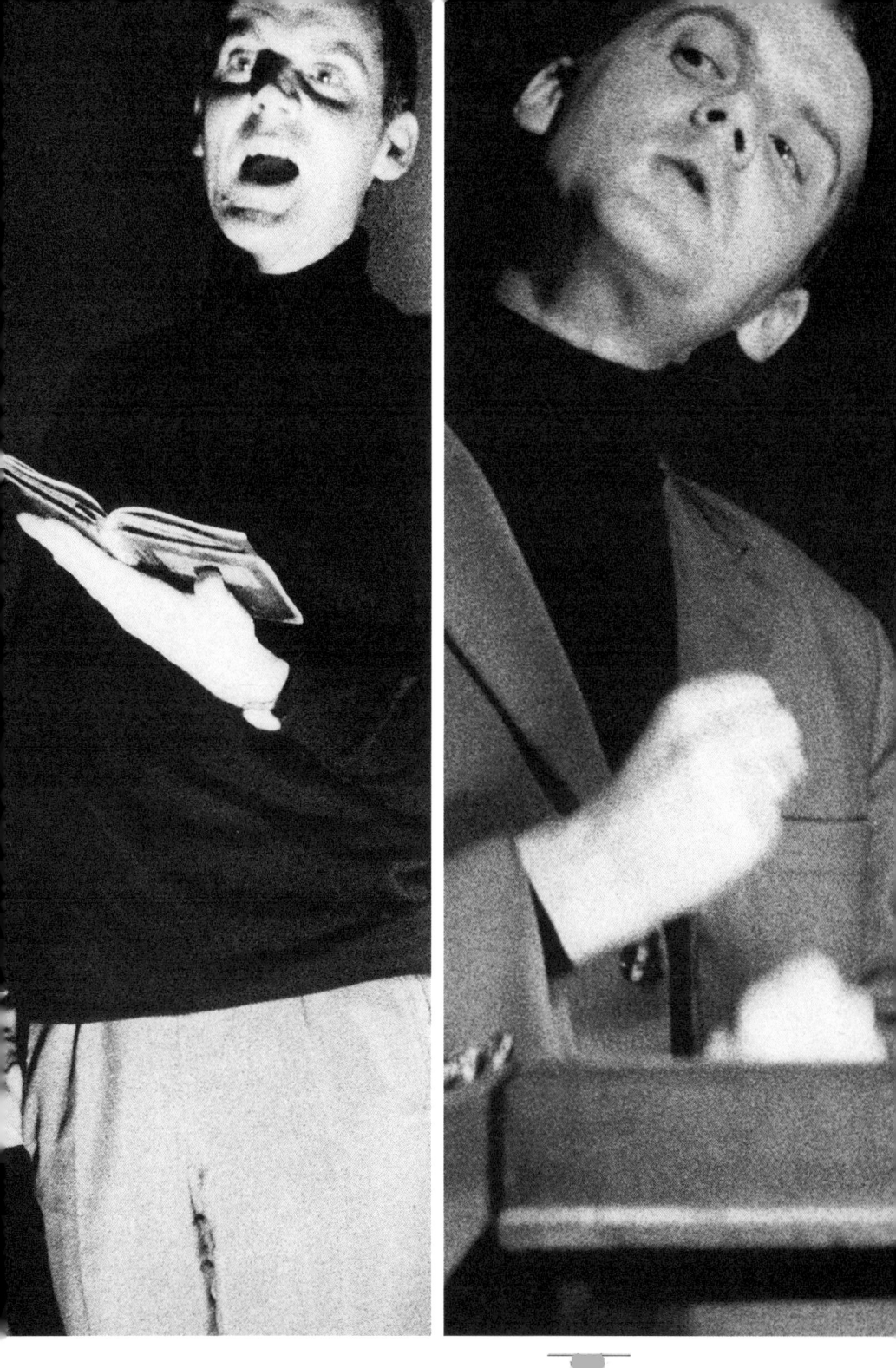

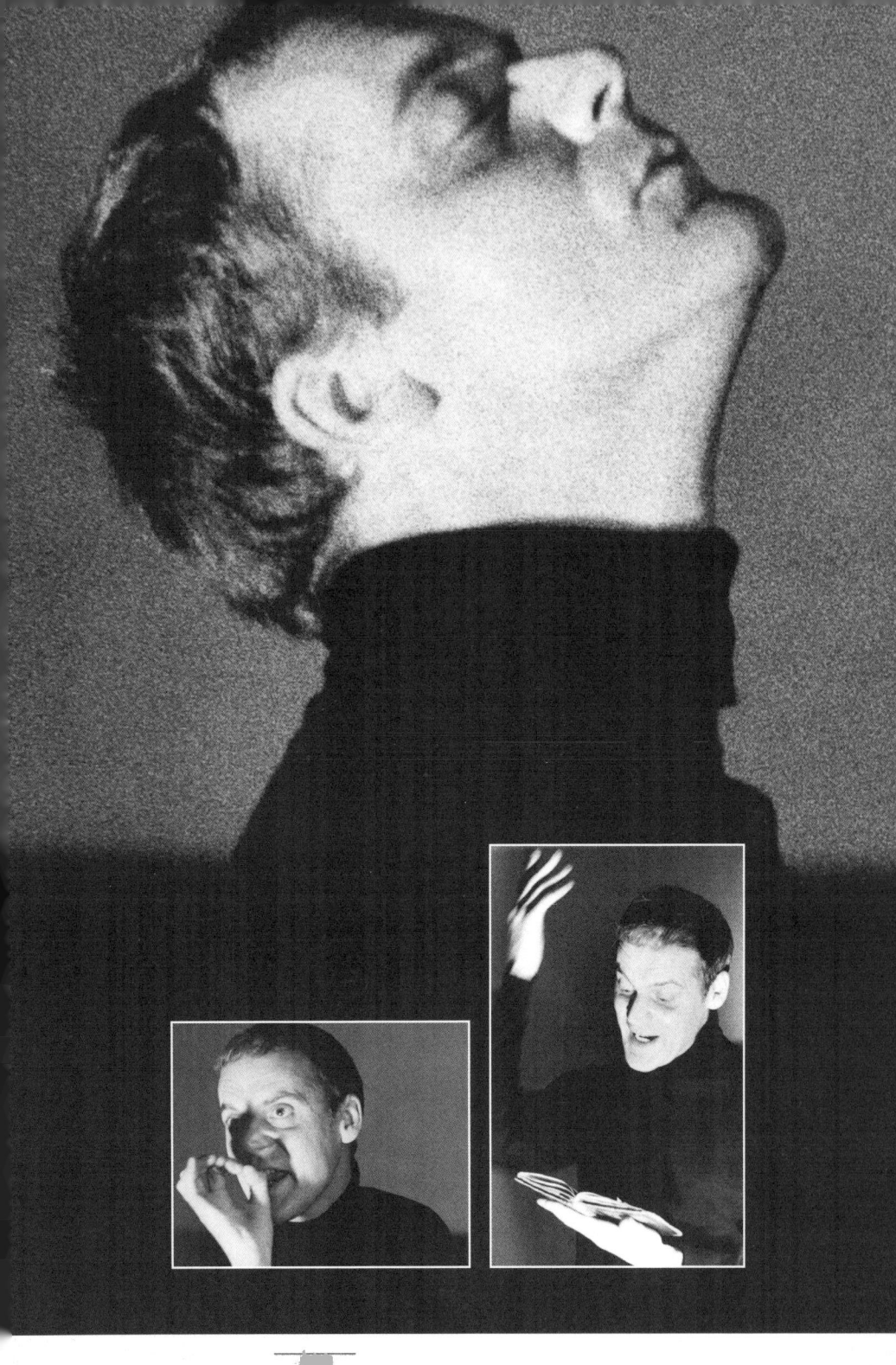

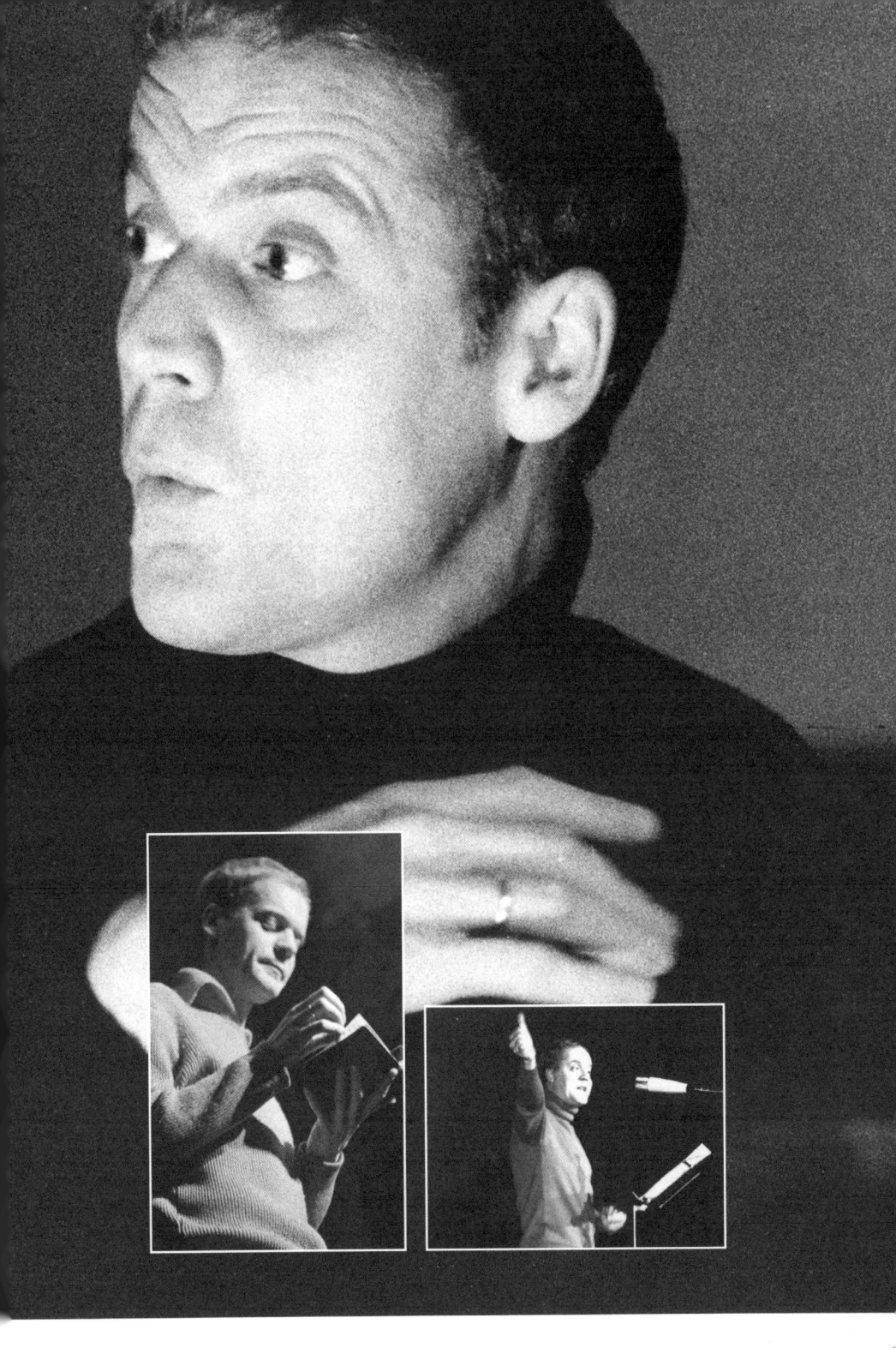

„Vom Himmel fallen immer noch Schwäne"

Ich möcht ein Clown sein", sang er stets zu Beginn und zum Ende seiner Vorstellungen. Kein großer Held, wolle er sein, sang er, ist aber ein Großer seiner Zunft geworden. Doch was heißt in seinem Falle Zunft? Er blieb ein Einzelgänger, war nur für wenige Jahre im Quartett zu erleben, allein kehrte er später ins Mainzer Unterhaus zurück. HDH, Hanns Dieter, der Hüsch, hat seine niederrheinische Stammheimat nie verleugnet, im Gegenteil, er hat ihr warmherzig anerkennende Lieder und Geschichten gewidmet und bezeichnet sich selbst als das „Schwarze Schaf vom Niederrhein". Seine Vorfahren waren Bauern, Gastwirte, Beamte, Rheinschiffer und ein trompeteblasender Onkel, und die Familie wünschte sich einen „Studierten". Doch nach einem einzigen Semester Medizin in Gießen wollte der Neffe lieber Opernregisseur werden – und begann in einem Zimmertheater kleine Rollen zu spielen – „meist tote Soldaten und schweigsame alte Männer". Ab 1946 in Mainz, studierte er dort Literaturgeschichte und Theaterwissenschaft. 1949 tritt er mit einem ersten Kabarett Solo-Programm vor die (studentische) Öffentlichkeit: „Das literarische Klavier". Erster Erfolg kam 1956 mit seiner Gründung der „arche nova" in Mainz. Die weiteren Programme hießen: Cabaretüden, Opus Pokus, Chansons, Gedichte und Geschichten, Eine schöne Gesellschaft und Enthauptungen. Bald schon wurde er „Deutschlands bekanntester und einsamster Solokabarettist". Und über meine Professoren hinaus bis heute mein Philosoph!

Die aus Trümmern kaum wieder erwachte Uni-Stadt besinnt sich nicht nur auf Handkäs, Zahnpasta und Schuhwichse, sondern genauso auf ihre karnevalistische Tradition. Sie hat ein Gespür für den jungen Dichter und ehrt ihren zu Ruhme kommenden Neubürger nicht zu knapp – später und auf Gegenseitigkeit. In Baden-Baden beim Hörfunk des SWF hält Guy Walter seine schützende Hand über ihn, aus der wenigstens kleine Honorare fließen. Marianne, genannt Jeanne, war seine erste Frau, die er in den köstlichen Geschichten der drei Frieda-Bücher feiert. Marianne ist Frieda. In den ersten Jahren bewohnen sie mit Tochter ein einziges kahles, nasses Zimmer in einer ehemaligen Kaserne. Nach Mariannes allzu frühem Tod zieht er den Rhein hinab nach Köln, wo der „Immi" lange Jahre an Groß St. Martin wohnt und ein veritabler Kölner wird. Die Auszeichnungen, die er in Mainz erhält (Ehrenbürger der Universität) und erst recht die, die in Anerkennung seines Lebenswerks eigens für ihn geschaffen wird („Kabarett-Oscar"), werden nur von der Ernennung zum Ehrenbürger von Moers – seiner Heimatstadt – übertroffen. Also ist er irgendwie und gegen seinen Willen doch ein großer Held geworden.

HDH ist einer, der immer noch ein Lächeln in unsere grauen Tage bringen will. Einer, der unseretwegen Clown sein möchte, „damit die anderen lachen und ihrem Nachbarn keine Schande machen". Einer, der noch immer auszieht, „um Purzelbaum auf allen Straßen zu schlagen" und der „nicht zu allem Ja und Amen sagen" will. Einer auch, der möchte, „dass die Welt mal lächelt, eh's zu spät ist", weil sein Herz „ein lustiger Planet ist". Das jedenfalls ist der spitzbübische Willkommensgruß, den er sich stets selbst zuruft, wenn er einleitend am Klavier sinniert, als wäre das Publikum noch gar nicht da, dafür aber seine „Frieda". Von der er jahrzehntelang behauptet, dass sie „ein romantisches Wesen ist". „Frieda", das war der allgegenwärtige Schatten, der sich mit klugem Rat über seine Programme und Auftritte legte, vor allem in den aufsässigen 60er Jahren. Auch sie, aus Essen gekommen, war Wahl-Mainzerin und ruht dort in Frieden.

Hüsch – Autor, Komponist, Interpret, unentwegter Wandersmann durch Volkshochschulen, Universitäten, literarische Zirkel, kirchliche Akademien und, als Schauspieler wie andere, auf den großen Bühnen der Theater in Hamburg und Basel – guckte bis vor kurzem hier und da in die Töpfe und die Köpfe, überall dort, wo man Deutsch versteht – und bald auch ihn. Das geschah in echten Fan-Gemeinden, die sich hallenfüllend ausgewachsen haben. Nun wird er ruhiger, muss es sein, eine böse Krankheit hat ihm ein Bein gestellt, der Schlag ihn gerührt, – und doch wollen wir für ihn hoffen, dass er sich für eine gute Zeit lang noch zurücklehnen kann wie Gott Vater am Siebten Tage. Aus dem Himmel will er dann noch einmal zurück auf die Erde, sagt er, „um festzustellen, dass es zwischen Himmel und Erde keine großen Unterschiede gibt, nur den einen: Im Himmel stirbt man nicht mehr".

„Kammerclown" und „Minnespötter", Auto-Ironiker" und „Psycho-Komiker", so nannte er sich selbst schon in den Mainzer Jahren. Gefragt, ob der Applaus nicht die Bankerotterklärung des Kabaretts sei, erwiderte er schroff: „Diese TEE (heute ICE)-Fritzen und feinen Nerzstola-Damen, die sich bei mir einen netten Abend machen wollen, sind nicht mein Publikum. Ich schreibe an der Tagesgeschichte vorbei. Mein Thema ist: Der Mensch. Nicht nur der deutsche Mensch, nicht nur der Mensch als Partei- oder Vereinsmitglied. Mein Ziel ist: Misstrauen gegenüber dem Menschen überhaupt zu wecken. Aber wer will das schon hören?" Frage an ihn: Sind Kabarettisten denn bessere Menschen? Antwort: „Nein, im Gegenteil. Sie sind viel unmenschlicher als die Leute, die sie angreifen. Ich bin für den Dialog. Ich misstraue mir selbst auch ständig. Warum sollen gerade die Kabarettisten den Stein der Weisen gefunden haben?"

Damals, als ich ihn an der Mainzer Uni kennenlernte, war er Mitte zwanzig und so jung wie sein Metier, das literarische Kabarett, von dem eigentlich niemand ganz genau weiß, wie alt es ist und wo es, wenn nicht in Paris, dann in Berlin, erfunden wurde. Der Hüsch, geboren „zwischen Schlacke und Schilf" am 6. Mai 1925: ein Gesicht wie eine Landschaft im April, eine Stimme wie ein Horn im Nebel, Hände wie gemacht zum Winken – zur Begrüßung und zum Abschied. Ein Sänger, ein Poet, ein Troubadour, der für eine scheinbar einfache und eine höchst anspruchsvolle Liebe wirbt, die Nächsten- und konsequent die Feindesliebe. Eine Aussage, die von vollgeladenen Wörtern nur erschlagen würde. Es sind scheinbar beiläufige, unbeabsichtigt dahingesetzte Pinselstriche von leichtem Zug, mit denen er in Gedicht, Chanson, Story und Bericht uns, seine Mitmenschen, zeichnet – ohne sich selbst dabei zu vergessen. Es sind äußerlich alltägliche Schnurren, die er sich selbst und einst auch seine „Frieda" miterleben lässt, wenn sie sich erst umständlich streiten, um sich dann wehmütig zu versöhnen. Aber wer genauer zuhört, kann erfahren, was Hüsch wirklich will und mit Miene und Geste deutet, und der erkennt in der spielerischen Form den ernsten Kern, im Meister der Ironie den „stillvergnügten kleinen Held", der er sein möchte. Inzwischen ist manches davon durch Skurrilitäten verdeckt.

Hanns Dieter Hüsch machte Kabarett wie auf Leben und Tod, mit Frau und Tochter auf Sein und Nichtsein, auf eigene Rechnung im tückischen Wind des Applaus' – so war es jedenfalls früher. Man nahm ihm seine Empörungen ab. Seine Sozialkritik konnte von beißender Schärfe sein. Tagespolitisch wurde er nie – und wird es heute erst recht nicht mehr. Es ging ihm um größere Zusammenhänge. Worum es ihm bis zu seinem bisher letzten Auftritt gegangen ist, über die Unterhaltung hinaus, weiß ich nicht. Eines wird aber das stille Programm seiner Auftritte gewesen sein: die Wahrung des Menschlichen, das Bild des geängstigten, entwürdigten, bedrohten, doch heil gedachten Menschen. Wen kann es wundern, dass er inzwischen auch auf Kirchenkanzeln predigt? Bei Kirchen- und Katholikentagen auftritt?

Taschenbücher und Disketten bei kirchlichen Editionen verlegt? Von Gott als dem liebenden Schöpfer spricht? Man muss ihn, noch vor wenigen Jahren, mit seinem Vatikan-Song vor dem Mainzer Bischof (inzwischen Kardinal) Karl Lehmann und dessen durchaus freundschaftlichem Gelächter erlebt haben: „Als die Nachricht um die Erde lief, Gott sei aus der Kirche ausgetreten …" Aus dem aufmüpfigen, bisweilen zornigen, gesellschaftskritischen Künstler ist ein Beter geworden, jedoch durchaus kein heimgekehrter „verlorener" Sohn.

Demnach ist Hüsch ein ungewöhnlicher Mitmensch, ein Zeitgenosse außer der Reihe, eigentlich ein verdächtiger Bursche, den selbst mancher Berufskollege als einen Sonderling erachtet. Einer, der das Leben noch nicht ausgelernt hat, weil er nach wie vor an den Funken Gottes im Menschen glaubt. Doch was ist ein Kabarettist? Das sind nicht die hochgefütterten Truppen in Düsseldorf, München und Berlin, das sind schon gar nicht die dreistverlegenen Ansager der Bunten Abende oder Fernsehshows. Ort seines Genres, eines der selten gewordenen literarischen Kabaretts, ist die Stegreifbühne, die improvisierte Zimmerecke, der Vorhang am Notausgang und nicht vor sondern hinter diesem der Treppenaufgang zu seiner Bühne. Sein Platz unter der Sonne ist eine Schreibtischlampe auf dem Klavier, ist die Straßenlaterne, die man ins Studio holte. Hüsch macht Kabarett, wie man es von Ringelnatz, Tucholsky kannte und bis heute gelegentlich auch noch auf halber Höhe des Montmartre erleben kann. Für mich ist er der Enkel und Erbe des großen Werner Finck, nicht allein der ernstgemeinten Wortspiele wegen, die er mit diesem gemein hat.

Hüsch war nie der Typ eines Alleinunterhalters, auch wenn er einsam auftritt und alles selbst erfindet, was er da sagt, wie er's da singt und spielt. Er belehrt nicht und er hetzt nicht, er erschlägt niemanden mit Keulen seiner Worte, er fordert keine Köpfe, Kragen, Hälse. Da fließt kein Blut aus seinem Vortrag, wohl manche Träne – vom Lachen und vom Weinen und von beidem zugleich, will er doch „ein verrückter Clown aus der Gummizelle" sein, Hofnarr der damaligen Wiederaufbau- und heutigen „Spaßgesellschaft". Er verzeiht und will versöhnen. Nur eines verzeiht er nicht, dass nicht verziehen werden will. Dabei geht er immer voran und klammert sich dabei – wie schon gesagt – selbst nicht aus, gesteht seine eigenen Schwächen, macht sich nicht besser als wir. Urteilt, aber verurteilt nicht, denn es könnte ja sein, dass er jemand Unrecht täte. Stellt sich in die Reihe der Sünder und büßt mit, wo andere büßen, büßt für sie mit oder auch statt ihrer.

Der Zeitschrift „Christ in der Gegenwart" vertraute er 1993 an: „Ich sage immer, ich komme aus der Küche. Die Küche ist doch für viele Menschen ein Ort, wo vieles beredet wird, wo gegessen und getrunken wird, wo gekocht wird, wo auch Auseinandersetzungen stattfinden, wo man sich Rat holt, wo die Familie zusammenkommt. Da werden auch Geschichten erzählt. Da kommt der Mann von der Arbeit oder vom Büro und erzählt seiner Frau, was er heute erlebt hat, und die Frau sagt, ich habe heute die Frau soundso getroffen, und da geht es drunter und drüber. Da wird Leben erzählt und da wird ausgetauscht."

Dieser dichtende, notenbastelnde, Worte jonglierende Bewährungshelfer ist in seiner Heilsarmee sein eigener Rekrut und General. Man verwechsele ihn nicht mit einem weinerlichen Pazifisten, wie es die Lauten im Lande zuweilen von ihm meinen. So waren seine alten Buchtitel „Frieda auf Erden", „Kabarettüden" und „Von Windeln verweht" Ergebnis von Freuden und Leiden der kleinen Leute. Seinen dem Leben nachgeformten Goliathgestalten tritt er als kecker David entgegen. Der gegen die Panzer aus Missverständnis und Lieblosigkeit treffsichere und doch selbstironische Worte schleudert. Und wenn der Beifall müde wird oder ausbleibt, so wortelt und songelt er unverdrossen weiter.

Denn: „… darauf kommt's nicht an – es muss ein Beispiel her für die, die unterliegen – seid gut, aber versprecht Euch nichts davon!"

Nochmals, was will – wollte – der Mann aus Mainz, für den Kabarett kein Selbstzweck ist, mit seinen stillvergnügten Zurufen und ernstbesonnenen Scherzen, mit seiner allzeit unzeitgemäßen Menschenfreundlichkeit erreichen? Warum hat er seinen spitzen Griffel nie ins Korn der Vergeblichkeit geworfen? Hofft er, uns zu verändern? Warum dann beendet er die großartige Ballade von Jerome Blech so resigniert: „…sie schrieben auf ein Blatt den Sachverhalt und schrieben, dass es Menschen gibt, die lieben und dafür den Kopf hinhalten, – davon schrieben sie sofort. Doch die Verhältnisse nach diesem Vorfall anders zu gestalten, davon schrieben sie kein Wort"?

Was also verspricht er sich, verspricht er uns von seinem vielabendlichen Tagwerk eines Gedichtesängers, der seine Gesichte (Visionen) hat und der darob nicht schweigen will? Nun, sich selbst mehr als sein Auskommen, uns eigentlich den Sinn des Lebens: „den Himmel, und alles, was darüber ist". Er, der nicht einmal „eine Rose aus Papier herunterschießen kann, weil das Abdrücken so schwer ist"; er, der nicht zu falschen Ufern strebt, „weil Du dort hingehörst, wo man Dich liebt"; er, der keine „Fliege im April" in seinem Bierglas ertrinken lassen kann, dieser Empfindsame ist ein außergewöhnlicher Held. Frage: Angenommen, übermorgen geht die Welt unter. Was tun Sie? „Nichts. Was soll ich tun? Was soll ich tun, wenn die Welt ohnehin untergeht?" Damals bezeichnete er sich als einen Stoiker. Inzwischen hat er fünf Jahrzehnte, ein halbes Jahrhundert lang viel beobachtet und noch mehr nachgedacht, ist nachsichtig geworden, ein „Theologe des Alltags", der öffentlich bekennt, er sei ein „katholisch evangelischer Christ". Wir dürfen es ihm glauben. Ist der alte Hüsch also ein väterlichgütiger Hirte geworden, so war der junge Hüsch nach damalig prüden Begriffen gar ein Revoluzzer, in politischer Hinsicht über den Tag und die Parteien hinaus – man sieht ihm das heute nicht mehr an. Schade! Darum dieses Buch auch als Erinnerung an seine Frühzeit.

Doch zu jeder Zeit kämpfte und kämpft Hüsch gegen unsere Armut an Geist und Liebe: „Clown, nur auf das Leise hör ich, keine großen Kreise stör ich, um die Landschaft stillzumachen für die vielen Nebensachen: Groß ist nur das, was so klein ist, dass wir's übersehen – schenkt uns Freude, die so rein ist, das wir sie nie ganz verstehn." So fabuliert er von einem wunderschönen Schmetterling, den die andern nicht sehen können, weil sie sich in den Kokon ihrer Gefühlskälte eingesponnen haben. Er aber hat ihn entdeckt, weil er bereit ist, den Mummenschanz, das große Versteckspiel unserer Tage nicht mitzumachen. So sieht er noch Dinge, die wir nicht mehr schauen: einen ganz großen Kinderhimmel voller Schwäne, Schwäne von Schneeflocken, die gütig auf uns herabfallen, unsere Bosheit zu verdecken.

Jürgen Wichmann

Hanns Dieter Hüsch starb am 6. Dezember 2005. Er bekam in seiner Heimatstadt Moers ein Ehrenbegräbnis. Und kehrte so zu seinen Wurzeln zurück – unter drei alten Eichen.

Hüsch über Hüsch

Inmitten von Schwätzern,
Gesundheitsanbetern,
Katzen und Ketzern,
Schwangeren Ladies
und Leisetretern,
Schlangen und
Zukunftsbeschwörern,
Computerlakaien und
Radiohörern,
Rauschgiftfressern
und Attentätern

Sitze ich fest in meinen
Rollstuhl gepresst
Und schieb mich hindurch
durch das Gewühl von
Meinungen und
tollen Erscheinungen
sowie großen Kapazitäten

Und höre und höre
Und höre wie alle
es besser wissen
Und doch eines Tages
das Gras
von unten betrachten
müssen
Viel Spaß.

Clown

Clown,
auf dem Katheder sitz ich,
mit der großen Feder ritz ich
in den Atlas unserer Zeit
meine Klitzekleinigkeit:

Wir sind alle etwas eitel,
wir sind alle etwas dumm,
auch ein gradgezogner Scheitel
ist an vielen Stellen krumm.

Clown,
nur auf das Leise hör ich
keine großen Kreise stör ich
um die Landschaft still zu machen
für die vielen Nebensachen:

Groß ist nur das was so klein ist
dass wir es leicht übersehen
schenkt uns Freude die so rein ist
dass wir sie nie ganz verstehen

Clown,
auf die Kanonen pfeif ich
nach den Dornenkronen greif ich,
um die Schmerzen unsrer Stunden
mit Geduld zu überrunden:

Wir sind alle nicht so wichtig,
hängen all an einem Härchen,
und was falsch ist, ist auch richtig.
Denn der Mensch
ist nur ein Märchen …?

Für wen ich singe

Ich sing für die Verrückten
Die seitlich umgeknickten
Die eines Tags nach vorne fallen
Und unbemerkt von allen

An ihrem Tisch in Küchen sitzen
Und keiner Weltanschauung nützen
Die tagelang durch Städte streifen
Und die Geschichte nicht begreifen

Die sich vom Kirchturm stürzen
Die Welt noch mit Gelächter würzen
Und für den Tod beizeiten
Sich selbst die Glocken läuten

Die an den Imbissbuden hängen
Sich weder vor- noch rückwärtsdrängen
Und still die Tagessuppe essen
Dann alles wieder schnell vergessen

Die mit den Zügen sich beeilen
Um nirgendwo zu lang zu weilen
Die jeden Abschied aus der Nähe kennen
Weil sie das Leben Abschied nennen

Die auf den Schiffen sich verdingen
Und mit den Kindern Lieder singen
Die suchen und die niemals finden
Und nachts vom Erdboden verschwinden

Die Wärter stehen schon bereit mit Jacken
Um werkgerecht die Irrenden zu packen
Die freundlich auf den Dächern springen
Für diese Leute will ich singen

Die in den großen Wüsten sterben
Den Schädel schon in tausend Scherben
Der Sand verwischt bald alle Spuren
Das Nichts läuft schon auf vollen Touren

Die sich durchs rohe Dickicht schieben
Vom Wahnsinn wund und krank geschrieben
Die durch den Urwald aller Seelen blicken
Den ganzen Schwindel auf dem Rücken

Ich sing für die Verrückten
Die seitlich Umgeknickten
Die eines Tags nach vorne fallen
Und unbemerkt von allen

Sich aus der Schöpfung schleichen
Weil Trost und Kraft nicht reichen
Und einfach die Geschichte überspringen
Für diese Leute will ich singen.

Wie ich die Frieda kennenlernte

Als ich die Frieda kennenlernte, war ich total betrunken. Und ich saß auf einem Stuhl und dachte, wenn du jetzt aufstehst, liegst du am Boden.

Und als ich das dachte, kam die Frieda diagonal auf mich zu und sagte: „Darf ich bitten? Es ist Damenwahl!"

Sie sah mich von oben bis unten an, und der Trompeter spielte gerade so eine hohe Sache, und da sagte ich: „Ich bin furchtbar betrunken, und eine halbe Sache fange ich gar nicht gern an, und außerdem, ich kann gar nicht tanzen."

Da lachte die Frieda mich aus. Sie lachte mich zum erstenmal aus, zog mich an der Hand in das Gewühl und sagte: „Sehn Sie, das ist ein schneller Foxtrott, da müssen Sie wie beim Marsch, nur immer Wechselschritt, und dann können Sie tanzen."

„Es geht nicht", sagte ich, „es geht nicht, ich habe Sie gewarnt, es geht wirklich nicht, es tut mir leid."

„Dann setzen wir uns wieder an Ihren Tisch", sagte die Frieda.

Und wir setzten uns, und ich dachte, verdammt, sie ist noch sehr jung, aber sie ist keine dumme Gans, sie ist noch sehr jung, aber sie ist keine dumme Gans, und der schnelle Foxtrott geht ihr jetzt auch durch die Lappen, und jetzt musst du irgend etwas sagen, dachte ich, sonst läuft sie dir weg, und ich sagte: „Tja, öh … tja", sagte ich, „öh, ach so, ja öh … in der Unterprima hatten wir mal einen komischen Lehrer, das ist aber schon lange her, und überhaupt, ich habe die Geschichte ganz vergessen, zu dumm, was?"

„Dann erzählen Sie doch etwas anderes", sagte die Frieda.

„Ja, gern", sagte ich, „sofort, einen Moment, bitte, öh … sind Sie auch so begeistert von dem Jazztrompeter heute Abend hier?"

„Ja", sagte die Frieda.

„Menschenskind", sagte ich, „dann sind wir ja bei … dann sind wir ja, öh, beide von dem Jazztrompeter begeistert, finde ich toll!" Und ich schlug mit der Faust auf den Tisch und sagte: „Wissen Sie, nur wenn er so hohe Sachen spielt, dann ist er nicht so gut, aber jetzt spielt er ja nur tiefe Sachen."

„Jetzt spielt er überhaupt nicht", sagte die Frieda.

„Ach so, ja", sagte ich, „richtig, öh, jetzt, jetzt spielt er …" Jetzt ist es aus, dacht ich, du hast Blödsinn geredet, jetzt steht sie auf, jetzt läuft sie dir weg, Mensch, sag doch was, aber was, was denn bloß?"

„Was halten Sie denn von der abstrakten Malerei?" sagte ich dann so von oben herab.

Weiß der Teufel, mir fiel nichts anderes ein, und ich wusste, jetzt hängst du zwischen Himmel und Erde.

Du bist ein Idiot, dacht ich, so etwas kann in diesem Moment doch nur ein Idiot fragen, und die Frieda sagte: „Ich hab' einen Bärenhunger, Sie nicht auch?"

„Ja doch", sagte ich „öh … auch ich selbstverständlich … aber ich richte mich da ganz nach Ihnen. Wollen wir vielleicht etwas essen?"

„Ja", sagte die Frieda, „aber meinen Teil bezahle ich!"

Tja, und dann aßen wir Sauerkraut mit Kartoffelpüree und Würstchen. Ich sagte, ich mag kein Sauerkraut, und die Frieda aß all das Sauerkraut und gab mir die Würstchen, und langsam wurde ich wieder nüchtern und merkte, dass man gar nicht immer etwas sagen muss, und wir sagten eine Zeitlang nichts, und dann sagte die Frieda: „Du … morgen muss ich mir flache Schuhe anziehen, sonst bin ich drei Zentimeter größer als du, und das geht nicht."

Das geht wirklich nicht.

Fahrender Schüler

Ich fahre die Straßen entlang
In Zeiten die nicht sicher sind
Flöte und Baum
Trommel und Traum
Sind in meinem Gesang

Ich bin gekommen
Tröstliches aufzuschreiben
Auf einem Blatt Papier
Mit meinem vergilbten Klavier
Versuche ich Nachrichten aufzutreiben

Aus meiner Stadt
Die kleinlich klein
Im Grab mit einem Bein
Mich ausgespieen hat

Bin ich gekommen Euch zum Spaß
Und gehe hin wo Leides ist
Und Freude und wo beides ist
Zu lernen Mensch und Maß

Bis unter der Hand
Trommel und Traum
Mich verneinen
Flöte und Baum zu Gebeinen
Gott weiß in welchem Land.

Die großen leeren Plätze

Die großen leeren Plätze haben es mir angetan.
Wenn sie leer sind, wenn der Wind über sie streicht
Und Papier zusammenträgt, wenn die Zirkuswagen ihre
Kurven ziehen und sich eingraben in Wiese oder Kopfstein.

Nichts ist trauriger als eine Kirmesstadt, die langsam abge-
brochen wird, Stück für Stück, Gerüst um Gerüst, ein Brett
nach dem anderen wandert in den Schlafwagen. Um weiter
zu wandern.

Herrlich, wenn die Lampen verlöschen, der Mond sich
verkrümelt
Und man zwischen verstummten Karussells einher mar-
schiert,
Irgendeinen Fetzen Papier fußballspielend vor sich her-
schiebend.

Oder am Tage steht man dabei und sieht zu, wie eine Lili-
putwelt zerstört wird. Ein Holzpferd wird vorbeigetragen.
Ein Auge fehlt. Es wird von den Arbeitern gesucht.

Es wird nicht gefunden.

Oder wenn du an der Sägemehlspur erkennst, dass hier
eine Manege war. Nichts ist erregender als eine versunkene
Welt, von der man nur noch die Lesezeichen von tausend
und abertausend Geschichten findet, Geschichten, die alle
im Sande verlaufen sind:

Wenn aus den Wolken Regen weht,
aus Kummer sich ein Mann betrinkt,
In Japan ein Taifun entsteht,
ein Mädchen sich die Lippen schminkt,

Wenn aus den Wolken Regen weht.
In Übersee wird profitiert,
Ein Leitartikel spricht sich rund,
Ein Bankbeamter subtrahiert
Die Toten auf dem Meeresgrund.
Und überall sitzt Mann und Frau
Und Mensch und Tier und Herz und Geist,
Betrachten diese Welt genau,
Die stets in unsren Köpfen kreist,
Auf Zirkusplätzen, leeren Bühnen,
Zeitungspapier und Apfelsinen-
Schalen, in ausgelaugten Flüssen
Schwimmen Kleider und gefälschtes Geld,
Es kreist der Schmerz in unsren Häusern
Niemand ist restlos glücklich –
Verdammt und zugenäht.

Es flieht der Philosoph in seine Klause, der Prediger auf seine Kanzel, der Bürger ins moralische Gehäuse, der Tramp in seine Rauschgiftintervalle.
Es hat die Armut keinen Platz mehr, man will nicht mehr besitzlos sein.
Das macht die Welt so unfreundlich.

Ich habe heute gut verkauft, ich habe 120 Tabakspfeifen mit eingebauter Aussicht auf den Drachenfels verkauft und 51 Hampelmänner und 64 Geduldspiele, wo man die Lieblingsfrau des Maharadscha wieder in den Haremszwinger befördern muss. Die Haremsdamen gehen weg wie warme Semmel.

Ich esse mir dafür einen Pfannkuchen mit Speck und spanischem Salat.
Doch wenn die Kneipe mir zu voll, verzieh' ich mich und lebe von der Luft.
In meinem Koffer ist noch viel Geduld und Schwäche.

Die großen leeren Plätze haben es mir angetan,
Auf denen man die Pfützen überspringen kann
Und in die Häuser sieht,
Wenn welche da sind, rundherum,
In denen eine Hölle ausgebrütet wird,
Von Etage zu Etage,
Obwohl sie alle, wie sie sagen,
Nicht humorlos sind,
Bis ihre Klugheit eines Tages
Im Sand verläuft.

Ein Holzpferd wird vorbeigetragen.
Das Herz fehlt.
Es wird von den Dichtern gesucht.
Es wird nicht gefunden.

Frühlingsstimme

Es ist Frühling in Deutschland
Und wir lieben dies Land
In dem wir zu Hause
Mit dem wir verwandt.

Wenn es jemand noch nicht wissen sollte,
Frühling – ist so eine Art Revolte,
Die, es lässt sich schwer beschreiben,
Plötzlich ausbricht und dann da ist:
Menschen, Blumen, Bäume, Tiere,
Autos, Brücken und Klaviere,
Alles meint, man müsse sich beweiben,
Weil der Nachwuchs in Gefahr ist.

Es ist Frühling in Deutschland,
Doch das Land ist geteilt –
Welcher Frühling wird kommen
Der das Land wieder heilt?

Denn wenn langsam der Kopf kälter wird,
Der Mund leiser, das Herz weiser,
Kurz, wenn man älter wird,
Wenn Mensch und Blume, Baum und Tier
Vergebens hoffen
Und die Gespräche bleiben ewig offen,
Dann singen wir:

Es war Frühling in Deutschland
Und wir liebten dies Land
In dem wir zu Hause,
Mit dem wir verwandt.

Es wird Frühling in Deutschland,
Wenn Deutschland ein Kind
Und Osten und Westen
E i n Vaterland sind.

Trunkenheit

Feiner Regen
Kleine Gossen
Leere Flaschen
Müde Flossen
In Gamaschen

Und die Hände in den Taschen
Wie ein Segel ohne Schiff
Ohne Geld und ohne Fahne
Schaukelt eine Karawane

Kleine Narren
Große Sorgen
Wasserfarbe hält verborgen
Geist und Gier
Nacht und Morgen

Eine Straßenbahn wird älter
Keine Zukunft steht Spalier
Und das Herz schlägt wie ein blinder
Passagier.

Sein einziges Glück

Um den Menschen zu retten
bedarf es mehrerer Leben.
Eins reicht nicht.
Und dann rettet er auch nur sich selbst.
Ist er Familienvater,
so noch sein Weib und sein Kind.
Ist er ein Bücherwurm,
so vielleicht noch zwei Bücher.
Ist er Musikabonnent,
dann eine Saite vom Cello.
Ist er Bildernarr, sagen wir, einen Druck von Miro.
Sonst rettet er kaum was,
seine Haut kommt zuvörderst.

In seinem ersten Leben
kauft er noch Schubkarren,
alte Jeeps, Koffer und Rucksäcke.
Hinter den Pyrenäen
soll es dann Ruhe geben.
Doch weit gefehlt.
Er kommt ins Gedränge.
Auch sprachlich ist nicht alles in Ordnung.
Endlich steht er im Regen
hinter Paris auf offener Straße
und sucht Weib und Kind.

In seinem zweiten Leben
sieht er sich vor und spielt den Gewitzten.
Als er gerade den Bunker betreten will,
reißt ihm was einen Arm und ein Bein weg.
Das rechte Auge will auch nicht mehr.
Aber er darf Weib und Kind identifizieren.

In seinem dritten Leben kauft er nicht Schubkarren,
noch Bunker, er kauft sich einen Schaukelstuhl
und wartet. Und siehe da,
der liebe Gott hat ein Einsehen und bläst den Krieg ab.

Da kommt aber ein Mann daher,
zusammen mit anderen Männern,
und sagt:
Warum bist Du nicht geflohen wie wir?
Hast Dich wohl auf den Feind gefreut
und wolltest lieb Kind Dich machen
bei denen. Aber zu früh gefreut.

Und der Mann mit den anderen Männern
reißt unseren Mann aus dem Schaukelstuhl,
aber da war der schon kalt, unser Mann.
Sein einziges Glück.
Sie hätten ihn aufgeknüpft,
der Mann mit den anderen Männern,
denn das waren Vaterlandsleute.

Man sieht, der Mensch braucht mehrere Leben,
um sich zu retten.

Bericht

Es ist aufgezeichnet dass er manches Haus betrat
Und zugegen war in vielen Städten
Die ihn auch behalten hätten
Doch er war kein Mann der Tat

Wenn man ihn zur Rede stellte
Sagte er er wisse nicht worum es ginge
Denn er lege seinen Kopf nicht gerne in die Schlinge
Die schon viele in die Hölle schnellte

Mittags wenn die Leute sich beeilen
Leib und Seele zu erhalten
Sah man in der Sonne ihn mit anderen Gestalten
In die Stuben blinzeln ob auch alle redlich teilen

Manchmal sagte er nur ja
Und das hieß wohl dass die Menschheit wächst
Es war dann ein unsichtbarer Text
Auf seiner Stirne da

Grinsen war für ihn ein Wort
Und das bot er feil den feinen Herren
Die Zigarren aus den Schränken zerren
Doch er war nur einmal dort

Meistens ließ er seine Mütze liegen
Bei den Mädchen die er nahm
Und er ging wenn der Gedanke kam
Über andere zu siegen

Denn er wollte nicht gewinnen auf der Erde
Darum sprach er auch nicht viel
Darum bat er auch sehr oft und kühl
Dass es Abend mit ihm werde.

Teile und herrsche nicht

Dass einige vieles und die meisten weniger
Oder wenig haben
Kann man damit erklären
Das einige bedeutend
Und die meisten unbedeutend sind.

Dass einige fast alles und die Restlichen
Fast gar nichts haben
Kann man damit erklären
Dass einige klug
Und die Restlichen dumm sind.

Dass einige mächtig und die anderen
ohnmächtig sind
Kann man damit erklären
Dass einige verschlagen
Und die anderen die Geschlagenen sind.

Dass einige immer mehr haben wollen
Und viele immer weniger haben
Kann man damit erklären
Dass einige über Leichen gehen
Und viele unter den Leichen sind.

Dass einige über alle regieren und diktieren
Kann man damit erklären
Dass einige Geschichte machen wollen
Und mit allen anderen Geschichte gemacht wird.

Zwar heißt es
Vor Gott sind alle Menschen gleich
Und human das möchte ein jeder gerne sein –
Aber welcher Bedeutende will sich schon
Mit einem Unbedeutenden

Welcher Kluge will sich schon
Mit einem Dummen
Welcher Verschlagene will sich schon
Mit einem Geschlagenen
Auf eine Stufe stellen –

Wer will das schon?

Die Erde gehört uns allen
So wie der Sand den man am Grabe
Freundlich uns nachwirft
Allen gehört

Aber im Leben gehören
Die Armen den Reichen
Die Dummen den Klugen
Die Geschlagenen den Verschlagenen
Die Gläubigen der Kirche
Die Schwarzen den Weißen
Die Naiven den Raffinierten
Die Schweigenden den Schwätzern
Die Friedfertigen den Streitsüchtigen

Die Erde aber könnte uns allen gehören
Wenn dein Haus auch mein Haus
Mein Geld auch dein Geld
Dein Recht auch mein Recht
Mein Los auch dein Los
Dein Kleid auch mein Kleid
Mein Glück auch Dein Glück
Dein Leid auch mein Leid
Wäre.
Teile und herrsche nicht!

Aber wer kann das schon?

Dialog mit der Jugend

Wer einen Dialog
Herbeiführen will
Muss sich herablassen
Herabsteigen
Von sich absehen
Sich zuwenden und zuneigen
Muss nicht besitzen wollen
Darf nicht besitzergreifend sein
Nur wenig Vorschriften machen
Besser keine
Gelegentlich vorsichtig Empfehlungen anbieten
Unsichtbar die Hand darüber halten
Unhörbar anders denken
Sich nicht als Erwachsener aufspielen
Fehler nicht gleich als Schande empfinden
Irrtümer gestatten

Dennoch das Recht haben
Sich Sorgen machen zu dürfen
Kummer aufspüren und teilen
Sich wechselseitig erziehen
Sich gegenseitig ernst nehmen
Zusammen essen und trinken
Die Fantasie fördern
Ungeduld kreativieren
Aufbegehren aushalten
Zusammen traurig sein
Nicht immer alles besser wissen
Am besten nichts besser wissen
Sondern trösten
Ratlosigkeit teilen
Wärme herstellen
Bindungen spüren lassen
Liebe

Wer einen Dialog mit der Jugend
führen will
Muss all diese Anstrengungen
In besonderem Maße auf sich nehmen
Muss all diese Tugenden
Doppelt und dreifach handhaben

Mit der winzigen Hoffnung
Dass die Jugend mit der Jugend
Die unweigerlich nach ihr kommt
Ähnlich umgehen wird.

Wer aber keinen Dialog
Mehr führen will – Und meint
Seine Generation wäre die einzige auf der Welt
Danach käme nichts mehr
Und davor wäre auch nichts gewesen
Dem ist anscheinend alle Würde des Menschen
abhanden gekommen
In dem ist wohl kein langer Atem
Weder Furcht noch Fantasie
Der befiehlt nur noch
Verordnet und kontrolliert
Erzieht drastisch
Kalt und ohne Religio
Unpolitisch und ohne Bindung

Dies ist schon bei vielen der Fall
Und kann uns allen geschehen
Den Alten und den Jungen
Wenn wir n i c h t mehr miteinander reden
Streiten, essen, Pläne machen
Uns an die Hand nehmen- Uns umarmen

Lebe-Wesen die wir sind
Verloren die wir sind
Wenn wir uns nicht mehr umarmen können
Und Frieden machen.

An-Liegen

Es liegt an den Eltern
Es liegt an den Lehrern
Es liegt an den Kirchen
Es liegt an den Büchern

Es liegt an den Kindern
Es liegt an den Indern
Es liegt an den Häusern
Es liegt an den Bauern

Es liegt an der Lage
Es liegt an der Lüge
Es liegt an der Bahre
Es liegt an der Wiege

Es liegt an den Künstlern
Es liegt an den Herren
Es liegt an den Wolken
Es liegt an den Irren

Es liegt an den Füßen
Es liegt an den Grüßen
Es liegt an den Worten
Es liegt an den Zähnen

Es liegt an den Haaren
Es liegt an den Torten
Es liegt an den Jahren
Es liegt an den Sorten

Es liegt an den Tränen
Es liegt an der Psyche
Es liegt an der Leber
Es liegt an der Mosel

Es liegt an der Jugend
Es liegt an den Alten
Es liegt an der Tugend
Es liegt an den Falten

Es liegt am Betriebsrat
Es liegt am Gewitter
Es liegt am Bewusstsein
Es liegt an der Zither

Es liegt an der Brille
Es liegt an der Küste
Es liegt an der Stille
Es liegt an der Wüste

Und die Moral von der Geschicht
Nur an uns selber liegt es nicht
Und weil man dies zu spät erkennt
Gibt's immer noch verflucht kein
happy end

Es liegt an der Jugend
Es liegt an den Alten
Es liegt an der Tugend
Es liegt an den Falten

Woran es sonst vielleicht noch liegen mag
Das hören wir bestimmt am nächsten Tag

Es liegt an den Bäumen
Es liegt an den Reben
Es liegt an den Träumen
Vielleicht liegt's auch am Leben

Es liegt an den Städten
Es liegt an den Betten

Es liegt an den Erben
Vielleicht liegt's auch am Sterben

Und weil man dies zu spät erkennt
Gibt's immer noch verflucht kein happy end

Ich glaube es nicht

Sie sagen
Idealismus ist ein Intelligenzdefekt.
Ich glaube es nicht

Sie sagen
Die Bergpredigt wäre nicht so gemeint.
Ich glaube es nicht

Sie sagen
Du sollst nicht töten ist so zu verstehen, dass …
Ich glaube es nicht

Sie sagen
Bei etwas gesundem Menschenverstand
Müsste doch jeder …
Ich glaube es nicht

Sie sagen
Selbst Christus würde, wenn er heute …
Ich glaube es nicht

Und wenn man mir Berge
Schwarzen und roten Goldes verspricht –
Ich glaube es nicht

Anstoß zum Frieden

Stellt die Meinungen ein
Dass die Liebe gedeiht
Lasst die Liebe blühen
Dass der Frieden wächst
Lasst den Frieden in Euer Herz
Dass die Menschen erlöster aussehen
Befreit den Menschen
Damit er von den Ansichten lässt
Und die Meinungen einstellt

Dass die Liebe gedeiht
Lasst die Liebe blühen
Dass der Frieden wächst
Lasst den Frieden in Euer Herz
Dass die Menschen erlöster aussehen
Befreit den Menschen
Damit er von den Ansichten lässt
Und die Meinungen einstellt

Und sagen kann
Ich bin f ü r Dich
Und nicht gegen Dich
Ich bin mit Dir
Und nicht vor Dir oder nach Dir
Ich bin neben Dir
Und nicht über Dir
Ich bin bei Dir
Auch wenn Du gegen mich bist

Lasst uns Gottes versammelte
Großzügigkeiten werden
Und seine Artisten sein
Die Welt überwinden
Versuchen wie Christus

Unserer Welt entgegengegangen ist
Manchmal nicht vor dieser Welt zu sein –
Nicht mit Leichtigkeit, gewiss
Aber mit Zuversicht
Geduld und Freundlichkeit

Lasst uns Nachsicht üben
Wo andere den Schlussstrich ziehen
Lasst uns spielerisch auftreten
Wo andere mit dem Fuß aufstampfen
Lasst uns Feinde in Freunde verwandeln

Darum stellt die Meinungen ein
Dass die Liebe gedeiht
Lasst die Liebe blühen
Dass der Frieden wächst
Lasst den Frieden in Euer Herz
Dass die Menschen erlöster aussehen
Befreit den Menschen
Damit er von seinen Ansichten lässt
Und die Meinungen einstellt
Und sagen kann
Ich bin f ü r Dich
Und nicht gegen Dich
Ich bin mit Dir
Und nicht vor Dir oder nach Dir
Ich bin bei Dir
Auch wenn Du gegen mich bist

Viele sagen
Das sei ihnen unmöglich
Andere sagen
Das entspräche nicht
Ihrem gesunden Menschen-Verstand
Es kann auch nicht
Unserem Verstand zu entsprechen

Es kann nur der Liebe Gottes
Entsprungen sein
Und ist ein Geschenk
Außerhalb unserer Reichweite
Öffnen wir unsere Augen
Und unsere Herzen
Und nehmen wir endlich
Das Geschenk an
Es ist unsere einzige Chance
Weltfrieden zu machen.

Eine Rose aus Papier

Andere Männer schießen ihren Frauen Rosen aus Papier, warum schießt Du mir keine Rose aus Papier, sagte meine Frieda, als wir gerade drei Eis, einen Rollmops, eine Limonade und zwei Stangen Lakritz intus hatten.

Weißt Du, sagte ich, um Zeit zu gewinnen, das mit dem Zielen, mit Kimme und Korn und das alles, das ist genau so, als wenn ich einen Nagel in die Wand schlagen müsste.

Aber andere Männer schießen ihren Frauen eine Rose aus Papier, sagte Frieda.

Ich sagte, andere Männer sind eben andere Männer, andere Männer können eben gut zielen, und dann gibt's einen Blattschuss.

Ja, sagte Frieda, Blattschuss, das hab ich schon mal gelesen, Blattschuss, das ist doch, sagte sie …

Ja, Blattschuss ist, sagte ich, wenn … Lass doch die dummen Rosen. Komm, wir spielen mal Großes Los.

Ich hatte verteufeltes Glück. Wir gewannen einen Teddybär.

Ich sagte, Mensch, Frieda, wer hätte das gedacht, mehr wolln wir ja gar nicht.

Frieda strahlte, die ganze Welt strahlte.

Was doch so ein Rummelplatz alles aus einem machen kann.

Stell Dir vor, sagte Frieda, wenn wir jetzt noch für den Teddy eine Rose aus Papier schießen würden. Andere Männer würden ihrem Teddy bestimmt eine Rose aus Papier schießen.

Hör doch auf mit den anderen Männern, sagte ich. Andere Männer gehen mich nichts an, andere Männer sollen schießen, so viel, wie sie wollen, ich…

Ich ging also hin und kaufte mir drei Schuss.

Drei Schuss 50 Pfennig, sagte die Dame mit den Mordsohr-ringen. Vielleicht die rote oder die gelbe, der Herr, oder da oben die große weiße?

Ich sagte gar nichts.

Ein kleiner Mann sagte, nun zeigen Sie mal, was Sie ge-lernt haben!

Ich hatte nichts gelernt. Ich schoss dreimal daneben. Es regte sich nichts. Die Rosen standen still. Die waren das gar nicht gewohnt.

Wohl noch nicht gefrühstückt, sagte der kleine Mann, Frollein, geben Sie mir mal drei Schuss, jetzt wollen wir Alten den Jungen mal zeigen, wie geschossen wird.

Ich hätte vor Wut aus einer Riesenluftschaukel springen können.

Komm, sagte da die Frieda. Komm doch, nun komm schon, das sind doch alles schlechte Gewehre hier, komm, wir gehen zu dem Mann mit dem Schlangenleib, der soll so gut sein.

Ich sagte, Frieda, ich … ich, ich kauf Dir ein paar Rosen, richtige Rosen.

Ja, sagte Frieda, ich hab ja nicht gewusst, dass Schießen so schwer ist, vielleicht auch nur das Abdrücken, sagte sie, aber ich wollte ja nur die Blumen.

Jaja, sagte ich, und wir rannten zu der Bude mit dem Schlangenleibmann, und die anderen Männer hatten alle Rosen aus Papier, aber wir kauften uns richtige Rosen.

Und das war ein verteufeltes Glück.

Knock out

Die große Sensation –
Die Morgenpost, die Mittagspost,
die Abendpost ist nicht Flamil,
ist nicht Botil, ist auch nicht Pril,
sondern Rei.
Rei wie Ray Sugar Robinson:

Äuglein um Äuglein,
Zähnchen um Zähnchen,
Bäuchlein um Bäuchlein,
Tränchen um Tränchen.

Leber, Lunge, Niere, Haken, Herz,

1-2-3-4-5-6-7-8 und –

Nein, jetzt geht es wieder los,
der Jacky schlägt den Heini tot.
Der Blutverlust ist riesengroß,
Frau Lehmann sucht ihr Butterbrot.
Der Manager, der dreht das Ding
und lutscht an seinem Siegelring;
die Menschen wolln ja gerne sehn,
wie Menschen in die Knie gehen.

1-2-3-4-5-6-7-8 und –

Ein Nasenbein fliegt durch die Luft,
der Heini ist schon völlig blind,
der wer jetzt kneift, der ist ein Schuft,
ein Boxer ist kein Wickelkind.
Das Stadion kommt jetzt in Schwung,

der Jacky, der gibt kein Pardung,
der Heini spuckt wie ein Vesuv –
es ist ja schließlich sein Beruf.

1-2-3-4-5-6-7-8 und –

Die Menge rast, die Menge tobt,
der Heini ist jetzt bald so weit.
Der Filmschauspieler Schulze lobt
die eklatante Beinarbeit.
Schlagt ihn kaputt, schlagt ihn entzwei!
Mal aufs Gebiss, mal aufs Gehirn.
Der Heini zuckt wie Puddingbrei –
der Jacky trägt ne Lorbeerstirn.

Es schreit die Witwe Meier,
es schreit der Bankier Schmidt,
und all die andern Schreier
sie schrein:
Hamse das gesehn, Bluthund, pfui!
Bierflasche her! Genau unterm Nabel –
sowas in Helsinki! Mal im Dunkeln
begegnen! Polizei holen kann jeder!
Das soll Kultur sein!!?? Rassenschande!
Auto umschmeißen! Zwanzigstes
Jahrhundert …

Äuglein um Äuglein,
Zähnchen um Zähnchen,
Bäuchlein um Bäuchlein,
Tränchen um Tränchen –

beißen, schießen, stechen, würgen, foltern …

1-2-3-4-5-6-7-8 und –

Nein, jetzt geht es wieder los,
der eine schlägt den andren tot.
Der Blutverlust ist gar nicht groß,
auch andre Mittel tun 's zur Not.
Die Manager, die lächeln feist,
und ihre einzge Antwort heißt:
Die Menschen wolln ja gerne sehn,
wie Menschen in die Knie gehen.

Der Konfirmand

Ein Konfirmand
Baut nicht auf Sand
Es hat sein Unterpfand
Der Konfirmand

Er baut auf Kuchen, Buttercreme und Plätzchen
Und auf ein kleines schönes Bibelsätzchen
Er kriegt 'ne Armbanduhr für's ganze Leben
Was kann es Schön'res geben als nach Höh'rem streben

Und einen schönen dunkelblauen Anzug zieht er an
Der kleine scheue Evangelimann

Er kennt die Welt noch nicht
Er kennt das Geld noch nicht
Und alle Tanten, Onkel, Brüder,
Schwestern und Verwandten
Zerdrücken heimlich eine Zähre
für den Konfirmanden

Es spricht der Patenonkel ein paar kluge Worte
Der Konfirmand schielt hungrig nach der Torte
Dann schaut der Pfarrer noch herein für fünf Minuten
Und die Gemeindeschwester streicht dem kleinen Guten
übers Haar
Weil er so gut im Katechismus war

Ein Konfirmand
Baut nicht auf Sand
Es hat sein Unterpfand
Der Konfirmand

Dann hebt das Essen an

Und alle schmausen schmäuschenstill
Die Herren stecken dann Zigarren in den Mund
Die Damen fragen: Ob noch jemand Kaffee will
Nein, nein, der Konfirmand will noch ein Törtchen
Dann spricht der Pfarrer noch ein kurzes
nur ganz kurzes Wörtchen
Die Herren sprechen von Besoldungsgruppen
Die Damen tauschen ihre Leiden aus:
„Hab' Du mal Ischias"
„Hab' Du mal Gallensteine"

Der Konfirmand sitzt ganz alleine
Mit seiner Armbanduhr im Kerzenscheine

Er kennt die Zeit noch nicht
Er kennt den Neid noch nicht
Und was er später sagt
Wenn man ihn später fragt
Wenn alle wunderbaren Silberschätzchen
längst zerbrochen:

Das weiß der Vater nicht
Das weiß die Mutter nicht
Das weiß der Onkel nicht
Das weiß der Lehrer nicht
Das weiß der Doktor nicht
Das weiß der Pfarrer nicht

Das sagt kein Mensch dem kleinen Knaben
Weil alle sich schon längst
Im Sand
Verkrochen haben.

Kinderkreuzzug

That's my story
Das ist die Geschichte von den Kindern
Die ausziehen
Und um Frieden bitten
Um Frieden auf ihre Art
Denn sie freuen sich
Worüber wir uns nicht mehr freuen

That's my story
Ist mein Tagtraum
Die Kinder ziehen aus
Mit Zweigen und Schildern
Und Bilderbüchern
Und sie singen ihre Welt
In unsre Welt
Und sie singen
Und sie winken
Dass sie kein Mensch übersieht
überhört
unterschätzt

Ihre Welt
Ist nicht unsre Welt
Und ihr Geld
Ist nicht unser Geld
Ihr Spiel ist ein Kinderspiel
Ihr Mund ein Kindermund
Ihr Herz ein Kinderherz
Ihr Land ein Kinderland
Ihr Schmerz ein großer Schmerz
Ihr Land ein großes Reich
Ihr Ohr ein großes Tor

That's my story
Die Kinder ziehen aus
Damit wir sie besser im Auge behalten
Wenn sie lachen
Wenn sie weinen
Auf dieser bösen weiten Welt:
Kinder aus Nagasaki
Gelb wie Nikotin
Kinder aus Liverpool
Deren Eltern aus Wien
Kinder aus Winterthur
Groß nur wie drei Käse
Kinder aus Istanbul
Und danach ein Chinese
Kinder aus Sao Paulo
Auf den Plantagen geboren
Kinder aus Leningrad
Köpfchen kahl geschoren
Kinder aus Albuquerque
Indianisches Blut
Kinder aus Halberstadt
Deutsches Gedankengut
Kinder mit nackten Füßen
Und einer Hand voll Brot
Singen, winken und grüßen
Kinder in schwarz und in rot
Eskimos kommen mit Schnee
Stapfen verspielt herum
Wie ein Bild von Paul Klee
Kinder aus Hilversum
Neben mir spricht man mongolisch
Kinder aus Nazareth
Augen sehr melancholisch
Haben kein Dach und kein Bett
Haben nur Kindergeld

Bitten dass man sie erhört
Und dass man ihr Bild von der Welt
Nicht zerstört

Denn ich höre die Kinder
Vor dem Einschlafen sagen:

Die Wolken
Sind der Fußboden
Des lieben Gottes

That's my story
Ist mein Traum.

Hört dieses Lied

Hört dieses Lied
aus drei Worten gemacht –
Hört dieses Lied,
das den Menschen erst macht –
Hört dieses Lied,
das den Tag überdacht –
Hört dieses Lied
das die Nacht überwacht:

Liebe Deinen Nächsten,
der neben Dir weint;
liebe Deinen Nächsten,
beschäme Deinen Feind;
liebe Deinen Nächsten
und gib auf ihn acht!

Wir sind an Liebe alle arm geworden
und reich an Vorurteilen;
Glück ist keine runde Summe –
Steht Euch gegenüber,
seht Euch an und liebet Euch.
Nimm Deinen Hut und hüte Dich
vor denen, die schwätzen über Dein Angesicht,
die aber schätzen Dein Angesicht,
denen sei nah und brüderlich!

Hört dieses Lied,
das älter als wir und älter noch:
Biete einen Platz an
jedem, der nicht weiter weiß –
Wenn Ihr einen Baum besitzt,
zeigt ihm, wo der Schatten ist.
Hört auch andere Meinungen an,
vergleicht sie und gebt Auskunft,
wenn Ihr nachgedacht habt.

Lächelt, wenn Ihr sprecht,
es macht den Anderen sicher
und freundlich
und lässt ihm Zeit, selbst zu lächeln –
Erkläret Euren Herzen
keinen Bankerott.
Der Mensch ist nicht von
Menschenhand,
sind wir auch nicht vom selben Stand,
so doch vom selben Gott!
Liebe Deinen Nächsten,
der neben Dir lacht;
liebe Deinen Nächsten,
beschäme Deinen Feind;
liebe Deinen Nächsten
und gib auf ihn acht –
Hört dieses Lied,
aus drei Worten gemacht:

Der Folterknechte sind gar viele,
die Nacht ist ihre Zeit
und hält das Licht verborgen.
Sie haben Nationalgefühl,
so hör'n sie nicht auf, wenn jemand schreit,
und foltern bis zum Morgen.
Weh dem, der eine schwarze Haut
und sich nicht schön beiseite hält,
um Abstand zu beweisen.
Der Sklavenmarkt ist abgebaut,
doch heißt's noch immer: Unterwelt
in manchen weißen Kreisen.

Geht in die Häuser
und rufet hinein,
geht auf die Straßen
und hämmert es ein,
geht auf die Plätze
und malet es an:
Dass der Mensch ohne Mitmensch
nicht bestehen kann!

Zähl Deine Chancen
die Du verpasst –
verschenke ein Kleid,
wenn auch zwei Du nur hast.
Liebe Deinen Nächsten
und gib auf ihn acht.

Hört dieses Lied,
das den Menschen erst macht!

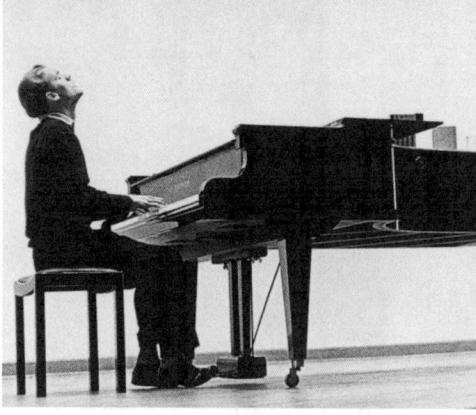

Frieda und die Vorfahren

Wenn die Frieda mal nicht lustig ist und ich deshalb auch nicht lustig bin, wenn wir also ganz böse sind und die Türen knallen, so dass die Leute über uns denken, wir würden die ganze Wohnung abbrechen, und die Leute unter uns denken, es ginge uns wohl zu gut, dann dauert es nicht lange und Frieda sagt:

Kein Wunder, ich brauche bloß deinen Vater anzugucken, dann hab ich dasselbe in grün.

Und ich sage dann: Und deine Mutter will auch immer das letzte Wort haben.

Als ich das neulich wieder einmal sagte, machte es plötzlich: Bruch!!!

Ein Tintenfass flog an mir vorbei, durch die Glastür, direkt ins Wohnzimmer. Eine Scheibe war im Eimer, doch das Tintenfass lag unversehrt auf dem Teppich.

Ich brachte es der Frieda kaltblütig zurück und sagte: Das nächste Mal besser zielen!

Ich nahm Blech und Kehrbesen, um die Scherben zusammenzufegen; aber die Frieda kam mir zuvor und sagte: Meine Scherben kehre ich alleine auf!

Und sie kehrte und kehrte. Und als ich sagte, es hat sich schon mal einer totgekehrt, da sagte die Frieda: Meine Mutter hat immer zu mir gesagt, heirate nur keinen Beamten, nun habe ich einen einen … einen …
… einen Egozentriker, sagte ich …
… einen Egozentriker geheiratet, sagte die Frieda, und bin vom Regen in die … in die …
… in die Scheibe gekommen, sagte ich, und unserer Tochter wirst du jetzt sagen, heirate bloß keinen Beamten, und so geht das weiter bis zum jüngsten Scherbengericht. Was kann ich dafür, dass ich von einem flämischen Spielmann abstamme?

60

Ach, du immer mit deinem flämischen Spielmann, sagte die Frieda!

Und du, sagte ich, immer mit deinem Großonkel, der Porzellanmaler war oder Glasbläser und nach Sankt Petersburg ging. Ein Großonkel von mir ist wenigstens mit Sack und Pack nach Amerika gegangen, weil er so gut Trompete spielen konnte, und ist drüben Professor geworden. Ich hole mal mein Familienalbum, da kannst Du ihn fotografiert im Turnverein von 1903 sehen, und später mit Kreissäge.

Hat mein Vater auch getragen, sagte die Frieda, er soll ein schöner Mann gewesen sein.

Mein Vater auch, sagte ich, soll auch ganz schön gewesen sein; aber meine Mutter hatte ihn am Bändel.

Meine Mutter meinen Vater auch, sagte die Frieda.

Nur, dass mein Vater, sagte ich, die Zügel letztenendes doch in der Hand hatte; er war ja auch Amtmann.

Mein Vater war ja auch Amtmann, sagte die Frieda, und hatte letztenendes auch die Zügel in der Hand; aber meine Mutter bekam das ganze Gehalt als Haushaltsgeld.

Meine Mutter auch, sagte ich, wir hatten auch eine Standuhr.

Hatten wir auch, sagte die Frieda.

Und meine Eltern waren auch im Kegelklub und im Kirchenchor.

Waren meine auch, sagte die Frieda.

Und wenn mein Vater, sagte ich, mal einen über den Durst getrunken hatte, hatte er immer den Hut so im Nacken.

Genau wie mein Vater, sagte die Frieda, und meine Mutter sagte dann immer: Das hast du doch wohl nicht aus eigenem Antrieb gemacht.

Genau wie meine Mutter, sagte ich, und mein Vater war dann auch einmal sehr dienstbeflissen und kaufte ein und trocknete mit ab, Geschirr und dicke Tränen.

Genau wie… sagte die Frieda und räusperte sich.

Genau wie bei uns, sagte ich und räusperte mich auch.

Da nahm die Frieda das Tintenfass in die Hand und sagte: Schnapp!

Sie warf es mir zu, ich schnappte, und dann ließ ich es im letzten Moment doch noch fallen.

Das Tintenfass splitterte in zwölf bis dreizehn Stücke und die Tinte floss seelenruhig in alle Himmelsrichtungen.

In der ersten Aufregung holte ich Löschpapier, später einen Aufnehmer und fuhrwerkte auf dem Fußboden herum, und die Frieda sagte: Ich brauche dir nur zuzusehen, dann kann ich mir deinen Vater in jungen Jahren vorstellen.

Und ich, sagte ich, brauche dich nur genau anzusehen, dann weiß ich heute schon, dass unsere Tochter ihren Mann mal am Bändel haben wird.

Wenn wir aber wie neulich so von unserer Tochter sprechen, dann ist die Frieda auf einmal wieder ganz lustig, und ich bin deshalb auch wieder ganz lustig, und wir knallen keine Türen mehr, so dass die Leute über uns meinen, wir würden am Tage schlafen, und die Leute unter uns meinen, bei uns könne etwas nicht stimmen.

Das geht so lange gut, bis die Frieda wieder ein Tintenfass findet, ich wieder von meinem flämischen Spielmann fasele und die Frieda von ihrem Porzellanonkel aus Petersburg.

Aber Gottseidank, so viel Tinte gibt es auf der Welt gar nicht, um das alles aufzuschreiben, was uns hinterher leid tut.

Johannesburg

Aus einer achtlos begrabenen schwarzen Haut
Aus einer ACHTLOS begrabenen schwarzen Haut
Aus einer achtlos begrabenen SCHWARZEN Haut
Aus einer achtlos begrabenen schwarzen HAUT
Werden eines blutigen Tages wachsen
Zwölf verkrüppelte Bäume
Blattlos sprachlos verkrüppelte Bäume
An denen achtzig Trommeln aus weißer Haut hangen
Wie Früchte zum Fraß
Vom wohlgeborenen Baume des Bösen
Früchte aus weißem Fleisch

Doch wenn Du von ihnen issest
Wenn von ihnen issest
Und Du
Und Du
Zur Mittagszeit
Im bequemen Lehnstuhl
Bewaffnet mit einer Sonnenbrille
Wird es beginnen in Deiner Seele zu dämmern
Wird es in Deiner Seele beginnen zu dämmern

Und in den Seelen gelangweilter Ladies
In den Seelen von Über-Gangstern Übersee-Seelen
In den Seelen gekaufter Gesundheitsapostel
In den Seelen gestorbener Seelen
Verdorbener Seelen
In den Seelen gerissener Modespezialisten
In verstaubten gestrandeten Seelen
In erlaubten im Meere gelandeten
Im Urwald und vom Haifisch zerfleischten Seelen
In den Seelen die ständig befehlen
Verbrechen versprechen
In den Seelen von Altbolschewisten Neofaschisten

In den Seelen von superkonstanten Christen
In den Seelen der Hochfinanziellen
In Turnhallen und Industriebordellen
In schnellen schnellen schnellen schnellen
Und langsamen Seelen
Wird es beginnen zu dämmern
Wird es beginnen zu dämmern
Zu hämmern
Und bei schwarzem Kaffee und weißer Milch
Selbstverständlichem schwarzem Kaffee und weißer Milch
Stelle ich auf keiner Landkarte
Sondern aufgrund meiner Seele
Auf Grund meiner Seele
Stelle ich fest:

Budapest liegt in Afrika
Budapest liegt in AFRIKA
BUDAPEST liegt in Afrika
BUDAPEST LIEGT IN AFRIKA

Aus einer achtlos begrabenen schwarzen Haut
Werden eines blutigen Tages wachsen
Zwölf verkrüppelte Bäume
Blattlos sprachlos verkrüppelte Bäume
An denen Achtzig aus weißer Haut hangen
Wie Früchte zum Fraß
Vom wohlgeborenen Baume des Bösen
Früchte aus weißem Fleisch

Merke
Wer auf Menschen schießt
Schießt auf Gott.

Die Tatsachen sehen und nicht verzweifeln

Wo man auch hinguckt
Sagen die Leute
Überall Krieg, Hunger und Sklaverei.

Wo man auch hinhört
Sagen die Leute
Überall List, Lug und Giftmischerei.

Wo man auch hinsieht
Sagen die Leute
Überall Hass, Rohheit und Meuchelmord.

Wo man auch hinhorcht
Sagen die Leute
Überall Angst, Furcht und kein ehrliches Wort.

Immer näher kommt das Todesgeschrei,
Kommen die Feuersbrünste zuhauf
Kommen die Beutelschneider
Und Stoßtrupps der Tyrannei.
Schneiden den Hals und die Bäuche auf
Kommen mit Spürhund, Spitzeln und Spaten
Kommen die Speichellecker
Mit krebsroten Backen
Die erst die Häuser plündern
Und dann die Geldschränke knacken
Kommen die Seuchen die Kinder zu raffen
Machen sich Fledderer
An den Leichen zu schaffen
Kommen die Sieger mit höhnischen Liedern
Und aus den Wolken fallen die Vögel
Haben die Flügel sich blutig geflogen

Kommen die Folterknechte
spezialisiert auf Fingernägel
Und aus dem Fluss
Werden die ersten Frauen gezogen
Kommen die prächtigen Herren
Der neuen Wahrheit
Verschaffen sich Flittchen
Und auch etwas Klarheit
Über die Lage und wo denn das nächste Land gelegen
Dem man Freiheit und Sicherheit bringen könnte
Und natürlich den Menschen Frieden und Segen –
Doch die Tatsachen sprechen dagegen.

Wo man auch hinflieht
Sagen die Leute
Überall Feindschaft auf Erden.

Wo man auch hindenkt
Sagen die Leute
Überall keinerlei Ausweg und Licht.

Wo man auch spricht
Sagen die Leute
Man hört uns man hört uns nicht.

Aber es gibt sie noch die es hören
Überall gibt es sie
Dreht Euch nur um
Leise sind sie um nichts zu zerstören
Niemand von ihnen will uns verhören
Keiner ist öffentlich oft zu seh'n
Da sind sie hier sind sie überall
Dabei geblieben
Dabeigebliebene
Bleibende.

Bleibende bauen das Bleibende
Das Nichtzubeschreibende
Das Nichtzubelehrende
Das Nichtzuerklärende
Die LIEBE überall dort und hier

WIR

Die Tatsachen sprechen dafür.

Terra

Es war einmal ein kleiner Planet.
Er hieß Terra und seine Lieblingsmelodie war:
Was blasen die Trompeten!

Er stolzierte mit wuchtigem Gang durch den Äther und
sagte überall: My name is Terra, I am the biggest baseball
of the world!

Die anderen Planeten sagten: Terra, Du bist ein toller Kerl,
wir sind gespannt, wo du noch landen wirst.

Terra sagte: Noch fünfzig Jahre und ich stecke Euch alle in
die Tasche. Die anderen Planeten wurden darob neidisch
und berieten, wie sie Terra zuvorkommen könnten.

Der Mond sagte, ich opfere mich, mich soll er zuerst in
die Tasche stecken, wie ein trojanisches Pferd werde ich
dann von innen über ihn herfallen. Bravo, riefen die ande-
ren, wir haben nichts zu verlieren, nur zu gewinnen, des-
halb ist die Sache schon fast entschieden.

Aber Terra sollte den Mond nicht in die Tasche stecken. Es
kam alles ganz anders, als er es sich erträumt hatte. Terra
wurde krank, richtete sich so zu Grunde, dass keiner ihn
wiedererkannte, wenn er an ihm vorüberging.
Er hatte große Brandwunden an Händen und Füßen, konnte
kaum gehen und sprach ein merkwürdiges Gemisch aus
chinesisch und amerikanisch. Nur der Mond, der ihn von
frühester Jugend her kannte, merkte, dass es Terra war,
der seine Haut, seine Sprache und seine letzten Kräfte zu
Markte getragen hatte.

Der Mond rief die anderen Planeten und sagte: Wir sind
arm, er ist noch relativ reich, kann aber nichts mehr damit
anfangen.

Und sie gingen hin und stellten sich an den Weg, den Terra ging. Alle 500 Meter stand ein Planet und sagte:

Terra, du hast noch zwei Atombomben, gib eine ab.
Terra, du hast noch zwei politische Meinungen, gib mir eine.
Terra, ich bin völlig öd und leer, gib mir den Rest deiner Wolkenkratzer.
Terra, ich bitte dich, gibt mir deine Eitelkeit, du bist alt, gib uns deine Geschichte, gib uns deine Ungerechtigkeit, deinen Hass und deine Vorurteile.

Und siehe da, Terra verschenkte alles, was er besaß, an die Planeten, die sich herumbalgten, als hätten sie das große Los gezogen. Terra aber wanderte weiter auf seinem Weg, ohne Besitz, ohne Macht und ohne Gewalt, wurde nach vielen Jahren wieder gesund und heiratete den Himmel und alles, was darüber ist.

Es war einmal eine kleiner Planet. Er hieß Terra und seine Lieblingsmelodie war: Was blasen die Trompeten. Und wenn er nicht gestorben wird, dann könnten wir – heute – alle in Frieden leben.

Die alte Geschichte

Im Jahre 2000 und 3
Hat die Erde eisgraue Schläfen
Und in den Häfen
Sagt kein Mensch mehr Good bye

Im Jahre 2000 und 3
Macht der Mond von sich reden
Und schickt einen jeden
Der sich freiwillig meldet
Zur Mondpolizei

Dort wird dann weitergemacht
Mond gegen Mars
Oder Mars gegen Mond
Wohl dem der dann
Auf dem Jupiter wohnt

Im Jahre 2000 und 3
Verschwinden Wälder und Berge
Denn aus der Erde
Macht man dann Särge
Für die Mondpolizei

Im Jahre 2000 und 3
Hat die Erde nichts mehr zu sagen
Nur noch vom Monde hört man direkt übertragen
Todes- und Hilfegeschrei

Denn dort wird dann weitergemacht
Die alte Geschichte vom Turmbau zu Babel
Von Habgier und Neid
Die alte Geschichte von Kain und Abel.

Und nun wieder etwas Menschliches

Da werden unter den Überlebenden sein:
Die geistigen Anreger
Die lebendigen Austauscher
Die Denker in Zusammenhängen
Jeder mit einer neuen Strömung
In der Brieftasche
Ganz neue Haltungen und Linien
Werden ausposaunt
Neue Philosophen werden schreiben:
Mit der Asche leben, aus der Asche lernen

Es werden wieder Kammermusikgruppen
Eiligst zusammengestellt
Liederabende helfen über das Schlimmste hinweg
Die Kirchen sind überfüllt, mindestens für zwei Jahre
Rezitatoren reisen von Matinee zu Matinee
Abendkurse erweitern das Blickfeld
Bildungswerke und Häuser der offenen Tür
Schalten sich ein

Und dann die rastlosen Einhaker,
Die haken ein beim 17. und 18. Jahrhundert,
Stellen unermüdlich
Verbindungen und Gesinnungen her

Natürlich auch ganz neue Politiker,
Die treten doch mit noch
Versengten Augenbrauen vor die Mikrofone
Und werfen ihre neuen Angeln aus,
Alles streng objektiv
Und mit konstruktiver Herzlichkeit

Ungeduldige Pazifisten schreiben auf eine Wand
Einen ganz neuen Text: Nie wieder Krieg

Da ist auch die Kunst wieder zur Stelle,
Denn Stadt und Land hungern
Nach neuen geistigen Dingen.
Auseinandersetzer rücken in Gruppen vor,
Halten die Asche für sehr problematisch,
Zitieren Solon und essen Kaviar

Neue Theaterstücke, sogenannte Zeitstücke
Neue Bilder, nur aus der Zeit heraus zu verstehen
Neue Musik, auf alter Musik fußend, ergibt
Ganz alte Musik in ganz neuem Gewand

Kabarettisten sitzen wieder in ihren Höhlen
Spitzen den Bleistift, ungeheuerliche Warner und clevere
Diagnostiker

Alles von vorne
Alles von vorne
Alles von vorne
Alles … !

Das Chanson vom Prae-Roboter

Es ist nicht alles Geist, was glänzt
Der Mensch braucht seine Tänze
Noch halb Diluviumgespenst
Flicht er der Zukunft Kränze

Es ist nicht alles Geist, was brennt
Der Mensch braucht auch Genüsse
Er sagt zwar, dass sein Temperament
Sich so beruhigen müsse

Silur, Devon, Carbon und Perm
Günz, Mindel, Riss und Zwirn
Die Eiszeit sitzt uns im Gedärm
Das Altertum im Hirn

Das Auge sitzt noch immer da
Wo früher auch das Auge war
Der Mund steht meistens offen
Für Tauben und Gebratenes
Und allerlei Missratenes

Die Ohren sind gespitzt
Ob nicht in Nachbars Garten
Ein alter Affe sitzt

Doch Gott sei Dank, es ist ja nur
Der Dr. Pithekanthropus
Der schneidet seine Hecke
Mit einer Riesenschere
Jetzt grinst er um die Ecke
Als ob er böse wär, der liebe Nachbar

Er hat nun Handschuh an
Damit er besser handeln kann
Er spielt Klavier
Ist Kavalier
Ist Diplomat
Er dient dem Staat
Mit Rat und Tat
Geht zum Frisör
Er weiß was sich gehört

Doch wenn ihn sein Archaikum,
Sein Urerlebnis stört
Zieht's ihn zurück zu alten Schädelstätten
Zu Trias-Jura-Kreidebetten
Als Roboter – praehominin –
Sieht man ihn aufgelöst mit abgeschliffnen Zähnen
Durch kultivierte Lande ziehn
Mit offnem Mund
Für Tauben und Gebratenes
Und allerlei Missratenes

Mit einem Bein noch im Tertiär
Den Kopf schon auf dem Mond
Das Fleisch, es flattert hin und her,
Die Seele noch in Höhlen wohnt

Die Höhlen stilvoll aufgebaut
Viel Büsten und Altäre
Viel Götzendienst und kranke Haut
Embryonal-Misere

Silur, Devon, Carbon und Perm
Günz, Mindel, Riss und Zwirn
Warum denn soviel Waffenlärm?
Warum denn soviel Stirn?
Die Eiszeit sitzt uns im Gedärm,
Die Zukunft im Gehirn.

Die Ballade
von Jerome Blech

Als man jerome blech auf das schafott geschickt
um ihn demzufolge hinzurichten
weil er selbst in hohem alter
seine meinung nicht verschwiegen:
dass das schlechte oben sei und die guten unterliegen
sagte er: ich werden nun zu Gott geschickt
und er sah an sich herab und stellte fest
dass sein kleid zerlumpt und ohne wirkung
und er selbst ein schmaler rest

Und da fragte man ob er noch einen wunsch
doch es müsse schnell gehen / da ihm nichts mehr einfiel
fiel die antwort aus: ich habe keinen wunsch
dieser morgen ist sehr schön (es war leichter herbst
und es waren gelbe wolken öffentlich zu sehn)
doch vielleicht hat einer aus der menge eine frage
die er stellt um zu wissen was ich darauf sage / angesichts
des todes / rief der alte: fragt / die antwort kostet nichts
und es war ein junger mann der fragte: warum hast du dir nicht
überlegt dieses hier zu überrunden deinen mund zu halten
wenigstens von zeit zu zeit

Und der alte sagte ruhig: das hab ich getan mit vierzig
und es ging mir gut doch ich sah das es nicht allen gut ging
und ich wurde ungeduldig / weil der mensch nicht lange da ist
denn es macht sich jeder schuldig der sein wohlergehen pflegt
auf kosten derer die für Güte sorgen / und es muss wer alt wird
eine Lösung finden / die für alle gleich und wahr ist
hast du sie gefunden rief der junge mann und die menge sah
zu boden / murmelte: wer leben will muss listig sein

Sprach der junge: ich bin zwanzig und ich kann zu dei-
nem wort / nicht stehn darum mach ich schluss

schluss mit allen gütigen ideen
nicht weil ich es möchte / sondern weil ich muss
und der alte nickte / schloss die augen / um noch einmal
nachzudenken und dann sprach er: das ist deine sache
wirst du aber älter und es ist ein funken liebe dir zuteil
geworden / wirst du diesen funken auch verschenken
flüsterte das volk: man muss menschenkenner sein
und der junge sagte: warum sagt man uns nicht gleich
dass der mensch sein ganzes leben braucht
um am ende zu verderben / eines schönen tages
aus der traum
Und der alte gab zur Antwort: als ich dreißig war
war ich derselben meinung
darum nahm ich einfach was ich brauchte
und ich lachte / wurde reich / doch nicht zufrieden
denn des menschen himmelreich ist sehr verschieden
erst mit sechzig war ich dann so weit
dass ich freundlich war zu jedermann
und mein hab und gut zerfiel
denn ich hatte mich verrechnet in der zeit
doch ich blieb bei meiner freundlichkeit

Und was hat es dir genützt
riefen viele die bisher geschwiegen
nichts / sprach da der alte / doch darauf kommt's nicht an
es muss ein beispiel her für die die unterliegen
seid gut / aber versprecht euch nichts davon

Und sie richteten ihn hin zur selben stunde
jerome blech / mit Lumpen angetan / vierundsiebzig Jahre alt
der morgen war sehr blau und (wie es im november üblich)
auch sehr kalt und manche sah man frierend stehn
sie schrieben auf ein blatt den sachverhalt und schrieben
dass es menschen gibt die lieben und dafür den kopf hin-
halten / davon schrieben sie sofort
doch die verhältnisse nach diesem Vorfall anders zu gestalten
davon schrieben sie kein wort.

Deutsches Sanctus

Freunde, lasst uns singen! Aber was?
Soll ich etwa die formierte Gesellschaft
besingen, oder die offene,
oder die klassenlose,
oder die Gesellschaft Jesu?

Ich habe Menschen gesehen, die,
wenn sie ihr Opfer gefunden hatten,
sofort etwas schneller und etwas
lauter sprachen: Im Namen des Volkes,
im Namen des Vaters, im Namen der
Was-weiß-ich-Revolution.

Freunde, schafft Euch
eine Weltanschauung an,
schon beim Frühstück!
Vertrödelt nicht euer Gewissen.
Geht nicht zum Schuster,
um mit ihm die Höhe der Absätze
zu besprechen, sondern fragt auch,
was er strukturell von der
Weimarer Republik gehalten hat.

Ihr müsst ein bisschen eine Mission
haben, am besten mehrere.
Verwickelt euren Friseur
über die Schere in ein
dialektisches Gespräch.
Schneiden tut weh. –
Wo sind die Schnittpunkte?
Wer ist aus dem Schneider?
Es ist ein Schnitter, der heißt Tod.

Ich habe Menschen gesehen,
die sofort etwas schneller
und etwas lauter sprachen
oder vorlasen aus Büchern
und mit belegter Stimme
alles belegten, um Sieger
zu werden; die immer
etwas mehr wussten
als ihre Opfer, auch wenn es
um einen Witz ging.

Heiliger Seebohm[1], heiliger Grass,
heilig heilig Borussia Dortmund
heilig die Tagesschau, heilig die ÖTV,
heilig alles, was sich da formiert.

Oder soll ich besingen die Gesellschaft
der frühgermanischen Nadelarbeit,
den Wundermenschen
aus Erhards[2] Tinktur?
Oder den Fistelstimmenwalzer
anstimmen
für Walter[3] den sogenannten,
oder für Ludwig[2], den Brillenwechsler,
Vater und Mutter zugleich
und Weltbildzerstäuber
dann und wann?

Freunde, wir müssen uns
eine Suppe kochen, glaubt mir,
die mit allerlei Kräutern versehen,
mit Plato und Thymian,
Lenin und Lorbeerblatt,
allerlei Kammermusik und
den apokalyptischen Reitern,
und Prost sagen

bei jedem Frühschoppen,
Löffel verteilen für Suppen,
die in Standpunkten schwimmen.

Ich habe Menschen gesehen
die sich alles an fünf Fingern
ausrechnen. Das kann man
sich doch an fünf Fingern
ausrechnen, sagen sie.
Beim Straßburger Münster,
beim längsten Fluss Asiens,
und wurden doch ausgesetzt
auf getarnte Seelenverkäufer,
von denen, die etwas schneller
und etwas lauter gesprochen hatten.

Heiliger Westrick[4], heiliger Neuss[5],
heilig heilig Schockemöhle[6] und Schmidt[7]
heilig der Parteienkrach, heiliges Allens-
bach, heilig alles, was sich da formiert.

Und Barzel[8], den großen glatten
Gott der Faltenlosigkeit,
mit eingehängter Zigarre,
und Deutschland,
die dicke zweigeteilte Dame,
die bei Fußball-Länderspielen
auf unserem Schoß sitzt.
Freunde, wir müssen die engagierten
Choräle studieren
und selbst immerzu engagiert sein,
da hilft alles nichts.
Haben wir nicht alle ein paar Bekannte?
Da wird man doch noch beim Tee
eine Anleitung finden.
Brecht oder autogenes Training,
einer interpretiert immer,

der andere entwirft schon
die Kreuzritterfahne.

Ich habe Menschen gesehen,
die plötzlich aufsprangen.
um etwas zu sagen,
sich wieder hinsetzten
mit schneeweißem Gesicht,
abgeschlagen,
hinterher sich dann heimlich
betranken, die lichterloh
durch Kornfelder streiften,
Deutschland, die zweigeteilte Dame
auf dem Rücken, selbst zweigeteilt
sich nicht entscheiden konnten
und in motorisierten Küchen
unter den Tisch fielen,
ohne Unterschrift.

Heiliger Augstein[9], heiliger Strauss[10],
Heilig heilig das Ehepaar Fern[11],
heilig der Berliner Bär,
heilig die Bundeswehr,
heilig alles, was sich da formiert.

Oder soll ich den donnernden
Sozialismus besingen?
Für gelbe Schuhe
und keine Problemzone?
Für die Dreitagewoche,
um sich den Hintern zu wärmen
und ins Grüne zu spucken?

O Freunde, lasst uns
hin und her überlegen,
wo noch Propheten am Werk,
die uns ermuntern, uns verkaufen,

trösten, ermuntern, verkaufen.
Es kann dein Gärtner sein,
es kann dein Bäcker sein,
es kann dein Tischler sein.

Wer beschreibt
die Probleme der Bäcker,
die Probleme der Schneider
und Fischer,
die Probleme der Metzger?
Welche Kantate sollen sie singen,
wenn sie kein Weltbild haben
hinterm Ladentisch?

Das wäre doch noch was,
mir Blumen ins Haar zu stecken
und Kuchen bereitzustellen,
und Gerstenmaier[12],
den Kindheitsschiller besingen.
Richtig formiert wäre ich dann.

Heiliger Kogon[13], heiliger Guttenberg[14],
heilig heilig Toto und Lotto,
heiliger Illustriertensex,
heilig Gitte[15] und Rex[15],
heilig alles, was sich da formiert.

Ich habe Menschen gesehen, aufgeregte,
mit beschlagenen Brillengläsern,
denen ihr ganzes Wissen,
Erasmus von Rotterdam
und die Biologie
zertreten wurde,
weil sie sich nicht ausdrücken
konnten, mit zitternden Händen,
die immer wieder jawohl sagten,
jawohl, jawohl;

die in Violinkonzerten ertranken.
Und die restlichen Bilder:
Luther, Kindheitserinnerungen,
Hölderlin –
Tastaturen einfach verbrannten,
einfach sich nicht mehr stören ließen
und versteinerten.

Freunde, vielleicht können wir
eine Schnittmuster-Chirurgie erfinden
und schneiden uns selbst so aus,
dass wir passen.
Schneiden uns Beine und Finger
und sprechen plötzlich vom Luftschutz
und singen so entstellt und verschlüsselt
als Problemmensch,
Liebling der ganzen Nation.
Ja, richtig formiert wäre ich dann,
wenn ich von Peking halte,
was von Hase[16] von Peking hält,
und mir kein Bild mache
in meiner eigenen Grube
in meinem Zellgewebe
ohne Gewerkschaft.

Heiliger Mende[17], heiliger Beitz[18],
heilig heilig Bäumler[19] und Kilius[19],
heilig das Volkswagenwerk,
heilig der Schuldenberg,
heilig alles, was sich da formiert.

Und Menschen, die auf dem Boden
ihre Schreibunterlagen suchen,
zu Haus alles genau überlegt hatten
und nun keinen Zusammenhang
mehr fanden, sich immer wieder

zusammensetzten, sich auseinander-
nahmen und um einen Moment baten,
einen Moment bitte, große Menschen,
die, wenn sie aufstanden,
noch größer wurden,
nicht durch die Tür gingen und doch
nach drei Wochen geschlagen wurden,
weil sie zu leise waren,
es nicht aushalten konnten
und weggingen.

Freunde, wollen wir uns nicht
eine Gebetsmühle basteln?
Eine Mühle mit Schubladen:
eine Sudetenschublade,
eine Atheistenschublade,
eine Emigrantenschublade,
eine NPD-Schublade,
eine Papstschublade,
eine Notgemeinschaftsschublade?
Alles mahlen wir dann schön klein
und singen das Deutschlandlied
rückwärts.

Oder soll ich den Arbeiterpfarrer
spielen mit Fahrrad und Klampfe?
Zirp, zirp, Ihr Leute, lasst Euch sagen,
die Uhr hat 5 vor 12 geschlagen.
Den kleinen Villon im Ohr,
das Herz und den Mund
mit i-Tüpfelchen versehen
und singen,
dass Kai Uwe von Hassel[20]
in ein altes Herrenmagazin gehört.

Heiliger Wehner [21], heiliger Heck [22],
heilig heilig alle deutschen Sänger-
knaben, heilig das Fertighaus,
heiliger Saus und Braus, heilig alles,
was sich da formiert.

Ich habe Menschen gesehen,
wenn sie ihr Gehirn durchwühlten,
fanden sie keinen gültigen Ausweis,
nahmen ihre Mäntel
und krochen durch die Straßen
und verrosteten,
die in Bahnhofshallen
auf Zeitungen saßen,
abgeschlagen, weit hinten,
die auf Züge sprangen,
den „Spiegel" im Kopf,
die „Zeit" unterm Arm
und „konkret" sagten,
dass es konkret gesehen
doch wohl so sei:

Heiliger Busen, heiliger Bauch,
heilig heilig die pluralistische Herde,
heilig die Schwätzer, heilig die Ketzer
heilig alles, was sich da formiert.
Heilig alles, bis es dann passiert.

Freunde, ich werde zum Schuster gehen
und mit ihm über haltbare Absätze
sprechen …

*Chanson, aufgeführt à capella bei den Ruhrfestspielen 1966
in Recklinghausen*

1) Hans-Christoh Seebohm, Sprecher der Sudetendeutschen, Bundesminister
2) Ludwig Erhard, Bundesminiser, Bundeskanzler
3) Walter Ulbricht, Erster Sekretär der SED und Staatsratsvorsitzender der DDR
4) Ludger Westrick, Bonner Staatssekretär
5) Wolfgang Neuss, Kabarettist
6) Alwin Schockemöhle, Springreiter, Olympiasieger
7) Helmut Schmidt, SPD-Bundesminister, Bundeskanzler
8) Rainer Barzel, CDU-Bundesminister, Bundestagsfraktionsvorsitzender
9) Rudolf Augstein (Pseudonym), Herausgeber des „Spiegel"
10) Franz Josef Strauß, CSU-Vorsitzender und Bundesminister
11) Ehepaar Fern, Tanzmeisterpaar
12) Eugen Gerstenmaier, CDU-Bundestagspräsident
13) Eugen Kogon, Publizist, KZ-Häftling
14) Karl Theodor von und zu Guttenberg, CSU-MdB
15) Sängerpaar
16) Karl-Günther von Hase, Botschafter, Intendant des ZDF
17) Erich Mende, FDP-Vorsitzender, Bundesminister, Vizekanzler
18) Berthold Beitz, Industrieller, Krupp-Aufsichtsratsvorsitzender
19) Eislauf-Weltmeisterpaar
20) Kai-Uwe von Hassel, Ministerpräsident, Bundesminister
21) Herbert Wehner, Stellv. Vorsitzender der SPD, Bundesminister
22) Bruno Heck, CDU-Generalsekretär, Bundesminister

Frieda und der Wilde Westen

Ohne Frieda gehe ich fast kaum ins Kino. Und wenn, dann gehe ich immer in einen ganz hohen Literaturfilm. Aber wenn ich mit der Frieda gehe, lesen wir im Kino auf der Leinwand immer folgendes:

Als die Armee der Südstaaten unter Andy Jackson sich der Yankeeübermacht beugen musste, führten zahlreiche kleine und große Banden den Bürgerkrieg auf eigene Faust weiter und das oberste Gesetz hieß damals für viele: Schnell schlafen, aber noch schneller schießen. So auch in Dodge City, ein Dorado für Glücksspieler, undurchsichtige Ehrenmänner und durchsichtige Damen …

Als wir diese Zeilen gelesen hatten, sagte die Frieda, du, den Film haben wir doch schon gesehen. Warte doch mal erst ab, sagte ich.

Aber eines Morgens – so lasen wir weiter – blieb in Dureas Saloon die Uhr um neuen Uhr siebenunddreißig stehen. Ein Fremder hatte den heißen Boden von Dodge City betreten …

Sießte, sagte die Frieda, und jetzt bindet er sein Pferd fest. Die Frieda hatte recht. Der Fremde band sein Pferd fest und schritt durch die halbe Klapptür in Dureas Saloon. Dort sagte er: Wo kann ich Mister Durea finden?

Yvonne de Carlo, die bekannte Büfettdame, sagte, Mister Durea ist zu seiner Kupfermine geritten.

Dann sagen Sie ihm, sagte der Fremde, Richard Widmark wäre hier gewesen, vielleicht sagt ihm das was. Und der Fremde ging zur Tür zurück, drehte sich aber dort noch einmal um und sagte, es wäre besser für Sie, Madame, wenn Sie für einige Zeit hier verschwänden.

Wäre das nicht besser für Sie, Fremder, sagte Yvonne de Carlo, bevor Sie hier kalte Füße kriegen?

Nun, Madame, sagte da der Fremde, und dabei guckte er schon auf die Straße, ich habe hier noch etwas zu erledigen.

Die beiden kriegen sich, sagte die Frieda.

Ruhe, sagte jemand vor uns.

Guten Tag, sagte nun auf der Leinwand der einzige Redakteur des Dodge-City-Journals, womit kann ich dienen?

Ich bin Richard Widmark, sagte der Fremde, und ich möchte, dass Sie von mir einen Artikel abdrucken.

Der Redakteur wird umgelegt, sagte die Frieda.

Und also geschah's.

Ein kleiner Junge sagte auf der Straße zu seiner Mutti: Ma, wenn Pa mir zum Geburtstag einen Revolver schenkt, dann brauchen wir keine Angst mehr vor Mister Durea zu haben, nicht wahr, Ma?

Der Junge wird schwer verletzt, sagte die Frieda, kommt aber durch.

Die Frieda kannte sich aus und sagte: Gib mir deine Hand, dann hab ich nicht so viel Angst.

Ist doch alles nur Kino, sagte ich.

Ja, sagte sie; aber gleich kommt doch die Postkutsche.

Ruhe, sagte jetzt jemand hinter uns.

Tatsächlich sah man nun eine Postkutsche in rasender Fahrt für die Prärie, verfolgt von zwei Reitern, die mit schwarzen Halstüchern maskiert waren. Windy, der alte, ewig unrasierte Postkutscher, hieb auf sein Pferdchen und sagte: Wenn das meine Jenny wüsste, wenn das meine Jenny wüsste, würde sie euch noch vom Himmel aus mit ihrem Henrystutzen zur Hölle schicken.

Das ganze Kino brüllte vor Lachen.

Aber nicht Jenny vom Himmel, sondern der fremde Richard Widmark schoss von einem Felsen aus die Reiter aus dem Sattel. Gute Fahrt, sagte er.

Alle Achtung, sagte ich. Und die Frieda kniff mich in den Arm und sagte. Bist du noch da?

Ruhe, sagte nun ich und war ganz aufgeregt. Denn soeben war Mister Durea in seinen Saloon zurückgekehrt, stand an der Theke und belud sich mit Whisky.

Aber fünf Meter hinter ihm stand Richard Widmark, und Mister Durea konnte ihn jetzt im Spiegel sehn und sagte sehr langsam: Ich wüsste nicht, warum ich nicht erst noch einen Whisky trinken sollte.

Dann dreht er sich blitzschnell um; aber Richard Widmark war schneller und schoss seelenruhig seinen Colt völlig leer.

Mister Durea machte noch acht Schritte und sagte, bevor er umfiel: Nicht schlecht, Freundchen; aber deine Mine geht in einer Minute in die Luft.

Das schwindelt er, rief die Frieda laut.

Alle Leute im Kino drehten sich um. Auch Richard Widmark drehte sich etwas um … und sagte zu den herumstehenden Cowboys: Noch jemand einen Whisky?

Ich glaube kaum, Sir, sagte da die Büfettdame Yvonne de Carlo, höchstens unser Freund Captain Forrest Tucker, der im letzten Moment mit seinen Soldaten die Mine gerettet hat.

Bravo, jubelte die Frieda.

Mir war das furchtbar peinlich, und ich war froh, als der fremde Richard Widmark nun zu Yvonne de Carlo sagte: Wie wäre es, wenn wir beide den verletzten Jungen besuchten, er ist auf dem Wege der Besserung und bringt Sie und mich auf andere Gedanken.

Schon möglich, sagte Yvonne de Carlo, und die beiden stiegen in die Postkutsche des alten Windy, der schmunzelnd sagte: Wenn das meine Jenny wüsste, würde sie vor Neid vom Himmel springen.

Ende.

Alle Männer schlugen ihre Kragen hoch und die Damen sahen alle aus wie Yvonne de Carlo. Wildwestdeutschland ging nach Hause.

Männer sind das alles, sagte ich zur Frieda, Männer, wie die alle schon heißen: Richard Widmark, Dan Durea, Forrest Tucker!

An die Frauen denkst du wohl gar nicht, sagte die Frieda.

Nun Madame, sagte ich, jeder denkt an seine Komplexe zuerst.

Soso, sagte die Frieda; nun, das nächste Mal darfst du wieder in einen hohen Literaturfilm gehen, wo die Dialoge immer so stimmen und die Kamera kein Auge zudrückt und immer so die Wirklichkeit einfängt und die Schauspieler gar nicht schön und komischerweise deshalb doch schön sind, und wenn du dann aus dem Kino kommst, weißt du auch, wo die Komplexe herkommen, und du brauchst dich nicht mehr zu schämen, wenn wir einmal dafür zusammen in einen Wildwestreißer geh'n.

Ja, Madame, sagte ich, und die Frieda sagte: Weißt du, manchmal wünsche ich mir, du wärest für mich auch noch mal so ein wildfremder Mann, wie damals, und ich könnte zu dir sagen: Schon möglich, Sir.

Sie haben alle recht

Es hat sich herumgesprochen,
dass die Neandertaler recht hatten
Die Dinosaurier hatten recht
Jakob und Joseph hatten recht
Dschingiskhan hatte recht
Napoleon hatte recht
Simon Bolivar hatte recht
Der Mahdi hatte recht
Lord Kitchener hatte recht
Alle hatten sie recht
Sie hatten alle recht

Bonifatius hatte recht
Die Sarazenen hatten recht
Recht hatten auch die Statthalter in Kleinasien
in Patagonien und in Sibirien
Friedrich der Große und Friedrich Wilhelm der Kleine
hatten auch recht
Pilsudski hatte recht
Marius und Sulla hatten recht
Robespierre hatte recht
Bismarck hatte recht
Sie hatten alle recht
Alle hatten sie recht

Die Konquistadoren
Die Revolutionäre
Die Konservativen
Dir Monarchisten
Die Anarchisten, die Christen, die Sozialisten
Die Kapitalisten, die Liberalen, die Traditionalisten
Die Revisionisten, die Bolschewisten, die Radikalisten
Die Philosophisten, die Neofaschisten, die Realisten
Die Idealisten, die Kabarettisten,

Die Optimisten und die Pessimisten,
Die Nihilisten und die Opportunisten,
Die Militaristen und Pazifisten,
Stoizisten und Defaitisten
Individualisten und Nonkonformisten
Polizisten und Egoisten
Alle haben sie recht,

Sie haben alle recht, alle, alle haben sie recht
Sie haben alle recht, sie haben alle recht,
Sie haben alle recht
Alle, sie haben alle recht

Recht, recht, recht haben sie alle, alle, alle haben sie recht

Sie haben alle recht, sie haben alle recht, sie haben alle
recht
Sie haben alle recht, sie haben alle recht
Sie haben alle recht, sie haben …

Wo gehörst du hin?

Wenn Du Dir überlegst
Wenn Du Dir in aller Ruhe überlegst
Falls du das noch kannst,
Wenn Du Dir überlegst
Wo gehöre ich hin?
(Ganz banale Frage:)
Wo gehöre ich hin?

Ich gehöre … tja … weiter geht es schon nicht mehr
(das berühmte Trommeln mit den Fingern)

Hm …

Wie wäre es mit einer Dackelliebhabervereinigung?
Du könntest Schriftführer werden.
Planstelle.
Zwei Ausflüge im Jahr. Mit Damen.

Keine Antwort.
Du arbeitest, verdienst Dein Geld, ernährst Deine Familie.
Genügt Dir das? Meistens nicht.
Du triffst einen Freund, bestimmt triffst Du mal einen
Freund,
oder was noch besser ist, Deinen ehemaligen Lehrer, der
sagt:
Was machen Sie denn so? Bin sehr gespannt.
Du sagst: Ich mache so das und das, dieses und jenes …
Du meinst Brot, er meint Laufbahn. Kein Kontakt.

Tja.

Du hast Herz, gewiss hast Du Herz, aber Du kannst Dir
nichts dafür kaufen. Irgendwer gibt sich die Ehre, Dich
einzuladen, mal sehn, was man für den jungen Mann tun

kann. Du gehst nicht hin, doch Du gehst, aber da gehörst
Du nicht hin, stimmst's?
Es stimmt!

Du arbeitest, verdienst Dein Geld, ernährst Deine Familie.
Aber es genügt Dir nicht.

Was haben wir denn da noch?

Du redest, nein, Du redest ja gar nicht so viel,
sondern Dein Nachbar redet mit Dir.
Der sagt: Ich weiß gar nicht, Sie sind doch ein intelligenter
Mensch, dass Sie sich nicht schon längst einmal politisch,
solln Sie mal sehn eines Tages …
So sagt er, Dein Nachbar.
Du sagst: Jaja, hm, jahm … und denkst: Nein!
Das sind die Sachen mit 'ner Fahne.
Nun wird die Geschichte schon runder.

Interessiert Dich der Kaiser von Siam,
oder überhaupt das hohe Volk?
Ne, Ne.
Und wenn Du nach unten guckst, Vorsicht,
konsequent bleiben!
Dein Herz ist viel zu groß,
als dass man Dich da auch nur eine Sekunde
verstehen würde.

Da kommt noch ein Verehrer von Dir gelaufen und sagt:
Sie, … Sie hätten das Zeug ein Revolutionär zu werden,
aber Ihnen ist ja nichts heilig.
Stimmt das?
Darüber sprichst Du nicht gerne.

Tja.

Wer liebt Dich?
Ich meine, wer Dich wirklich liebt,
nicht auf Kamerad, edle Gesinnung
und Schmus und so …
Da gehörst Du hin.

Alles andere ist Menschenfang, interessiert uns nicht.
Wenn Du Dir das überlegst, in aller Ruhe,
falls Du das noch kannst,
wenn Du Dir das überlegst,
dann wird es Dir vielleicht eines Tages genügen,
zu arbeiten, Dein Geld zu verdienen und
Deine Familie zu ernähren.

Bedenkt …

Bedenkt dass jetzt um diese Zeit
Der Mond die Stadt erreicht
Für eine kleine Ewigkeit
Sein Milchgebiss uns zeigt

Bedenkt dass hinter ihm ein Himmel ist
Den man nicht definieren kann
Vielleicht kommt jetzt um diese Zeit
Ein Mensch dort oben an

Und umgekehrt wird jetzt
Vielleicht ein Träumer in die Welt gesetzt
Und manche Mutter hat erfahren
Dass ihre Kinder nicht die besten waren

Bedenkt auch dass ihr Wasser habt und Brot
Dass Unglück auf der Straße droht
Für die, die weder Tisch noch Stühle haben
Und mit der Not die Tugend auch begraben

Bedenkt dass mancher sich betrinkt
Weil ihm das Leben nicht gelingt
Dass mancher lacht weil er nicht weinen kann
Dem einen sieht man's an
Dem andern nicht
Bedenkt wie oft man schnell ein Urteil spricht

Und dass gefoltert wird das sollt ihr auch bedenken
Ein heißes Eisen ich wollte niemand kränken
Doch werden Bajonette jetzt gezählt
Und wenn eins fehlt
Es könnte einen Menschen retten
Der jetzt um diese Zeit in eurer Mitte sitzt
Von Gleichgesinnten noch geschützt

Wenn ihr dies alles wollt bedenken
Dann will ich gern den Hut (den ich nicht habe) schwen-
ken

Die Frage ist
Solln wir sie lieben diese Welt
Solln wir sie lieben?
Ich möchte sagen
Wir wollen es üben.

Marsch der Minderheit

He du, mein gebildeter Bürger,
Genosse Bürger, Bildersammler,
Bücherwurm, Konzertabonnent,
Liberaler Ästhet, Mozartfan:
Komm mit, wir sind auf dem Marsch,
Komm mit, wir brauchen Dich!
Nicht nur unterschreiben,
Wenn Sartre unterschreibt!
Komm mit, Genosse Bürger,
Wir brauchen Dich wirklich!

Freunde, noch sind wir wenige,
Doch täglich werden es mehr.
Wir sind weder Playboys noch Könige
Und wir haben kein grausames Heer.
Doch wir sind auf dem Marsch
Schon jahrhunderteweit,
Durch Flüsse und Dschungel, Gebirge und Eis,
Auf dem Marsch der Minderheit.

Man kann uns verbieten,
Man kann uns bespein,
Man uns den Löwen
Zum Fraße hinstreun.
Man kann uns in Katakomben treiben,
Man kann uns in Ghettos zusammenfassen,
Man uns die härteste Folter beschreiben
Und uns die Folter auch spüren lassen.

Man kann uns Nägel und tödliche Pfeile
Durch unsere freundlichen Hände schlagen,
Man kann uns durch Sümpfe und
Faulende Wälder mit Wolfshunden jagen.
Freunde, wir sind auf dem Marsch

Schon jahrhundertelang.
Trommel und Traum
Sind in unsrem Gesang.

Man kann uns in lieblichen Gärten
Als Vergnügungsfackeln verbrennen,
Doch man kann unsere Herzen
Nicht von unseren Hoffnungen trennen.
Denn wir sind auf dem Marsch
Schon jahrtausendelang,
Von Peking bis Rom und von Rom bis Harlem
Und von Harlem bis Da Nang.

Freunde, noch sind wir wenige,
Doch täglich werden es mehr.
Wir sind weder Playboys noch Könige
Und wir haben kein grausames Heer,
Wir sind auf dem Marsch.
Für eine bessere Welt,
Für eine glücklichere Zeit
Sind wir auf dem Marsch,
Auf dem Marsch der Minderheit,
Auf dem Marsch der Minderheit,
Auf dem Marsch der Minderheit.

Holland liegt am Meer

Holland liegt am meer und ist sauber
die tulpen sind indanthren
herrlicher fauler zauber
eine mühle mit flügeln zu sehn
und auf den flügeln klavier zu spielen
ein rondo
das der wind an den himmel schreibt
damit die wasser
nicht nach dem lande schielen
und die königin rundlich bleibt.

Milch fließt in hülle und fülle
butter eier und kaas
kühe liegen in buddhistischer stille
wie millionäre auf giftgrünem gras
kauen ihr ewiges chewing gum
wiesen und felder nähmen kein ende
läge nicht manchmal amsterdam
irgendwo im gelände.

Mädchen zeigen voll schüchternem stolz
ihre häubchen in weiß –
ihre schuhe aus holz
klappern im kreis
klappern im ohr
und man holt seine hände
aus den taschen hervor
legt sie unter den kopf
und balanciert auf der nase
eine blume mit wasser und vase.

Herz gefunden

Tändeleien
sind im großen und im ganzen
zu verzeihen
wenn sie tändeleien bleiben
und das spiel nicht übertreiben

Wenn sich witz und ironie
mit dem fräulein fantasie
scheinbar unscheinbar ergänzen
wenn die worte nicht nur glänzen
sondern auch des geistes kind sind

Doch wenn tändelei nur tand ist
und die fantasie ein fant ist
wird die tändelei zur leier
und die fantasie nicht freier
sondern umgekehrt zum schema
und dann sollte man dies thema
schnellstens jenen überlassen
die von charme nicht einen blassen
schimmer haben –
jenen distinguierten knaben
die die liebenswürdigkeit mit löffeln essen
doch die liebe und die würde allzu gern vergessen

Dieses sei nur ganz am Rande hingesprochen:
tändelei hat manches herz gebrochen
aber auch – mit poesie verbunden –
manches herz ganz en passant gefunden.

Dein Herz berühren

diese späte sonatine
spiel ich auf der orgel der vernunft
auch das wort braucht unterkunft
so ist meine schreibmaschine
nicht nur eine tastatur
sondern auch ein ding in dur
nacht ist längst schon eingetroffen
ist im zweifelsfalle blau
und lässt viele träume offen
wär ich walter von der trauerweide
könnte ich die leier zupfen
uns zuliebe und zuleide
meinen mund an deinen tupfen
und so spiele ich mit worten
wo musik doch sollte sein
diese späte sonatine
auf der orgel des verstandes
spiele ich für dich geliebte
meine gänzlich ungeübte
hand möchte' außer landes
gern spazieren
und dein herz berühren

An Deinem Munde übernachten

Die stadt ist wie ausgestorben
wir wollen auf dem marktplatz eine sarabande tanzen
allein das orchester ist ein modernes
und besteht aus cembalo schlagzeug und altsaxofon
morgen noch können wir den ganzen
lieben langen tag den staub dieses sternes
zusammenfegen obschon
das viel arbeit macht und vieles dabei verdirbt.

Lass uns eine umarmung ausprobieren
bevor einer von uns stirbt
und jene straßenbahn benutzen
die nicht fährt da sie keine schiene weiß
wenn sie fährt fährt sie stets im kreis
ohne ein wort zu verlieren.

Am rande der stadt
wo sie ihren friedhof hat
möchte ich an deinem munde übernachten
mögest ihn so zart wie nötig schminken
und ich werde es wie tausend andre vor mir machten
zwei drei kleine cognacs trinken.

Der Narrheit letzter Schluss

Der Tanz ist tot
der Mensch kehrt heim zu Tisch und Brot
der Rausch verfliegt
die Reue siegt
die Masken sind gefallen –
bei allen?

Es ist dem Menschen beigegeben
ein kleines Stück von einem großen Leben
das sich vollzieht
ohn' Unterschied
ob Bettler oder hohes Tier
von einer Handvoll Erde sind wir alle hier
bis Gras wächst über dieses Lied.

Wollt darum freundlich sein und Euch
mit Heiterkeit versehn
es hat der Mensch zu kommen und zu gehn
dieses ist ausgemacht von Anfang an
mit Hochmut ist nicht viel getan.

Es ist dem Menschen aufgegeben
mit Güte Gutes zu erstreben
ohn' Unterlass
auch soll er das
was nötig ist zum Leben mit allen teilen
und aller Kreatur zu Hilfe eilen
bis Blumen wachsen aus dem Gras.

Wollt gnädig sein und nicht mit Hohn verachten
die nichts auf dieser Welt zustande brachten
wenn es bestimmt, dass wir gen Himmel reisen
dann ist mit Reichtum nichts mehr zu beweisen.
Es wird dem Menschen nachgegeben
wenn er bereut und ändert sein bisherig Leben.

Der Tanz ist tot
der Mensch kehrt heim zu Tisch und Brot
der Rausch verfliegt
die Demut siegt
die Masken sind gefallen
doch größer wär des Menschen Not –
wär nicht ein Gott, der milde mit uns allen.

Credo

Ich glaube an die Güte
Ich glaube an den Fluch und an den Zweifel
Ich glaube an den hoffnungslosen Menschen
Ich glaube an die Fehler
Unsere Fehler
Meine Fehler

Ich glaube an die Armut
Ich glaube an die Anstrengung gut zu sein
Ich glaube an die geringste Freundlichkeit
Ich glaube an den plötzlichen Tod auf freier Strecke
Ich glaube an eine schreckliche Welt
Voller Irrtümer und später Einsichten

Ich glaube an die Güte
Ich glaube an die geringste Freundlichkeit auf Erden
Ich glaube an den Sommer und an den Herbst
Ich glaube an die täglichen Versuchungen
Und an die nächtlichen Verlorenheiten
Ich glaube dies auf meinem Rücken auszutragen
Ich glaube an die Güte
An die geringste Freundlichkeit
Ich glaube an das Leben.

Ich möcht' ein Clown sein

Ich möcht' ein Clown sein
und immer lachen.
Ich möchte ein Clown sein
und die andern lachen machen.
Ich möchte ein stillvergnügter Clown sein
und kein großer Held,
ein klitzekleiner Spaßmacher
in unsrer bitt'ren Welt.

Ich möchte Purzelbaum auf allen Straßen schlagen
und nicht zu a l l e m Ja und Amen sagen.
Ich möchte eine lange Nase machen, wenn es regnet
und mir ein bitterböser Mensch begegnet.
Ich möchte Grimassen schneiden, wenn die Sonne scheint,
und einen Hampelmann verschenken,
wenn ein Kind am Abend weint.
Ich möchte, dass die Welt mal lächelt,
eh's zu spät ist.
Ich möchte ein Clown sein,
dessen Kopf schon leicht verdreht ist.

Ich möchte auf allen Vieren über Dächer schleichen
und mir die armen Armen und die reichen Reichen
von oben ansehn, wie sie ihre Brötchen essen
und danach ihre Aussichten bemessen.
Ich möchte, dass sie alle lachen
und ihrem Nachbarn keine Schande machen.

Ich möchte an den Ecken stehn,
ein Scherzo auf die Straßen streun
zu ihren Gunsten und auf meine Kosten.
Ich möchte für ein Lachen Posten stehn,
auf verlornem Posten.
Ich möchte, dass die Welt mal lächelt,
eh's zu spät ist.

Ich möcht ein Clown sein,
dessen Herz ein lustiger Planet ist.

Zuletzt

Manchmal denk ich mir wie wird es sein
Schwarz und voller Schlamm der alte Rhein
Die Haare grau wenn überhaupt
Und nichts mehr da an das man glaubt
Die Füße werden langsam abgeschraubt.

Zuletzt sitzt man allein auf einer Bank
Die Freunde sind fast alle tot und krank
Man hört noch was von Mitscherlich
Und Habermas und Co
Dann geht man schön nach Hause und aufs Klo.

Dort liest man eine Zeitung kreuz und quer
Der Mond wird schon regiert vom Militär
Es spricht noch einmal der Willi Brandt
Die 4. Welt verläuft im Sand
In Rom wird ein Konzern zum Papst ernannt.

Die Stadt wird plötzlich kalt und fremd
Es werden neue Menschen angeschwemmt
Die alles völlig anders sehn
Und sich nach neuen Peitschen drehn
Am besten ist es aus dem Weg zu gehn.

Man tastet sich vom Brett zum Frühstückstisch
Die Augen sind nicht mehr ganz frisch
Man kramt in alten Briefen rum
Und lacht sich schief und lacht sich krumm
Dann findet man auch das sehr dumm.

Zuletzt sitzt man allein auf einer Bank
Betrachtet sich die Bäume schlicht und schlank
Vorüber gehn mit viel Geschrei
Die Menschen und die Polizei
Ich hör' noch was von gleich und frei.

Da hock ich dann mit einem Transparent
Das man in eingeweihten Kreisen kennt
Es steht nichts drauf es ist nicht rot
Es ist schneeweiß und mancher droht
Seht da der alte Einzelidiot.

Ich schleiche mich auf Umwegen nach Haus
Der Rundfunk sendet stundenlang Applaus
Dann spricht ein Herr es singt ein Chor
Das Leben wär kein Trauerflor
Es läge alles am Humor Humor.

Dann schmier ich mir ein Brot mit Schmalz und Salz
Und schütt mir einen Klaren durch den Hals
Der Himmel wird schon gelb und grün
Die Katzen von den Dächern fliehn
Die Menschen durch die Länder ziehn
Die Toten auf den Äckern blühn
Zuletzt sitzt man allein auf einer Bank
Es ist erreicht na gottseidank
Man löst sich auf na gottseidank (na gottseidank)
Und wird ganz leicht na gottseidank (na gottseidank)
Und fliegt davon na gottseidank (na gottseidank)

Und schon setzt sich der Nächste auf die Bank.

Hanns Dieter Hüsch – im tvd-Verlag Düsseldorf

Frohes Fest – Geschichten zwischen Himmel, Café Pilatus und dem Niederrhein
Hanns Dieter Hüsch – ISBN 978-3-926512-84-0

Mein Herz schlägt ungemein
Hanns Dieter Hüsch/Conrad Contzen – ISBN 978-3-926512-81-9

Frieda auf Erden – Die besten Frieda-Geschichten
Hanns Dieter Hüsch/Manfred Bofinger – ISBN 978-3-926512-69-7

Das kleine Buch aus heiterem Himmel
Hanns Dieter Hüsch/Vincent van Gogh – ISBN 978-3-926512-64-2

Die Bescherung – Hanns Dieter Hüsch/Neues Rheinisches Kammerorchester
CompactDisk – ISBN 978-3-926512-45-1

Ein gütiges Machtwort – Alle meine Predigten
Hanns Dieter Hüsch – ISBN 978-3-926512-42-0

Ich stehe unter Gottes Schutz – Psalmen für alle Tage
Hanns Dieter Hüsch/Uwe Seidel – ISBN 978-3-926512-13-0

Ich stehe unter Gottes Schutz – Hanns Dieter Hüsch liest
CompactDisk – ISBN 978-3-926512-23-9

Das kleine Buch zum Glück
Hanns Dieter Hüsch/Uwe Seidel/ Paul Klee – ISBN 978-3-926512-43-7

Das kleine Buch zwischen Himmel und Erde
Hanns Dieter Hüsch/Joan Miró – ISBN 978-3-926512-40-6

Das kleine Buch zum Segen
Hanns Dieter Hüsch/Michael Blum – ISBN 978-3-926512-30-7

In der Mitte der Nacht – Hüsch liest zu Weihnachten…
CompactDisk – ISBN 978-3-926512-27-7

Das kleine Weihnachtsbuch
Hanns Dieter Hüsch/Marc Chagall – ISBN 978-3-926512-26-0

Die Quellenhinweise und Copyrightvermerke